iichiko

a journal for transdisciplinary studies of pratiques

SPRING 2025

特集 日本文学史を編みなおす〈中世篇〉
RECONSTRUCTION OF
LITERARY HISTORY IN JAPAN;
MEDIEVAL TIMES

Director	Tetsuji Yamamoto〔Fondation de École des Hautes Études en Sciences Culturelles（Genève）〕
Producer & Art Director	Hideya Kawakita〔Japan BÉLIER Art Center〕
Special Advisors	Roger Chartier〔France〕 Alfredo López-Austin〔México〕 Nancy Chodorow〔USA〕 Jack Goody〔UK〕 Jacques Bouveresse〔France〕 Attilio Petruccioli〔Italy〕 Edward G. Andrew〔Canada〕 Héctor Aguilar Camin〔México〕 John Urry〔UK〕 Paul Rabinow〔USA〕
International Correspondents	Yumio Awa〔Tokio-México〕
Editorial Office	Editions iichiko 3-51-5, Sendagaya, Shibuya-ku, Tokyo, JAPAN. phone:+81-3-3580-7784
Publishers	Hideya Kawakita Japan BÉLIER Art Center Published with the assistance of Sanwa Shurui Co.,Ltd. http://www.iichiko.co.jp/
Editorial Staff 　Administration 　Editor 　Design 　Cover Photo 　Cooperation	 横田比呂人　Hiroto Yokota 柳田京子　Kyoko Yanagida 栗林成光　Seiko Kuribayashi 平地　勲　Isao Hirachi 文化科学高等研究院 École des Hautes Études en Sciences Culturelles〔Tokyo／Genève〕
Printing	中央精版印刷株式会社　Chuo Seihan Printing Co.,Ltd

iichiko quarterly, a journal for transdisciplinary studies of pratiques, is published by Editions iichiko since 1986. The general Purpose of this journal is to foster research, advanced and interdisciplinarian, on cultural and social pratiques.

Copies of the articles may be made for personal or internal use. No article or any part there of may be reproduced without the express permission of its author and Editions iichiko.

Overseas Distribution
　Japan Publications Trading Co.,Ltd.〔P. O. Box 5030 Tokyo International〕
　Maruzen Co.,Ltd.〔P. O. Box 5050 Tokyo international〕

LIBRARY iichiko
quarterly intercultural
SPRING 2025（No.166）
2025年4月30日発行

協　　　力	三和酒類株式会社
発　行　人	河北秀也
編集・研究ディレクター	山本哲士
発　行　所	文化科学高等研究院 〒108-0074　港区高輪 4-10-31 品川 PR530 号 TEL03（3580）7784　FAX03（5730）6084

©Editions iichiko　　ISBN978-4-910131-46-7　C1010

Director's Note

　文学は、言語で書かれる限り、学問的ジャンルを超える表出を超領域的になす文化資本の一つの総体となっている。哲学、美学、社会学、政治学、経済学、さらには精神分析学、ジェンダー学、民俗学などの様々な対象があるだけではなく、対象として名指されえない〈対象a〉をも表出している。つまり、「穴」「空」をも表出している。哲学や科学が掴みえていない界を表現している。さらに言語と言語表出との歴史的変遷の系譜がそこには描かれている。

　現在「エモーション」研究がいろんな分野で探求されているが、感覚、情動、感情、情緒をめぐる考察の対象が、「気持」「気分」「気配」の〈気〉をめぐる多様な表現として、文学には無意識的なランガージュとして記述されている。これは、知識や知の客観的実在対象よりもはるかに客観的な世界の表明である。感情、情緒、情動は、認識論では捉えられえていない「作用の作用」の閾において、人間の存在を表している。知の下に価値づけられてしまうものではない、〈emotional intelligence〉が働いているのだ。主観的な個人表現の水準にはない、主客非分離の述語的表出である。「侘び」とか「寂び」とか「物のあはれ」とか、これは知的なものと情感的なものとに区分されない次元での表出であり、〈もの〉〈出来事〉に対する「対象がないではない」界での想幻表出である。「風」「色」「型」から、日本固有でありながらしかし普遍とも言いうる文化表出が描き出されている。

　本誌は、古代、中世、そして近世、近代へと、文学史・文芸史を編み変えしながら、根元的な問題の再構成を成しつつ、新たな哲学的文学／文学的哲学からの学術体系の配置換えを試みている。現在、出版文化市場において文学研究は経済市場衰退の危機的状況にあるゆえ、新たな文化生産市場を開くべくその任をも引き受けている。それは、主語制の知的資本Xではもはや機能しない知的資本の不能化が、感情世界の「気枯れ」を招いている感情資本主義の状況に対して、新たな述語制の知的資本Yを機能させていくための地盤転移でもある。述語制の知的資本Yは「情緒資本」の「風通し」のいい機能なしにはありえない。感情商品や感情労働によってでは、情動・情緒は知的に機能しないといえる。文化資本は、知的資本Yと情緒資本との相互作用において機能することで、経済資本や政治資本を活性化しうる。日本には、言語として技術としてそれが眠っているまま、まだ理論化されていない。理論言説化しない限り、それはまた生きない。

　誰から教えられるわけでもなく、私たちは「気がする」「気がつく」「気になる」「気が合う」、さらに「驚き」「喜び」「悲しみ」「苦しみ」「怒り」などの、何十もの感情を、驚くほど論理的に仕分けて、行為、表出している。それを対象化し理論化し自覚にのせる次元へ、いまや至っているのだ。そのファンダメンタルな素材が、文学・芸術・技術の日本文化資本にある。しかも、文化資本は場所にそれぞれ固有に有る。都会のハイカラさや美術館や学歴のことではないし、景観なしの環境エネルギーのことではない。文化の本質的な本源を喪失して、新たな世界は開けない。その正念場にきた時代である。

編集・研究ディレクター　山本哲士

■目次

iichiko 2025 SPRING

CONTENTS

特集 日本文学史を編みなおす〈中世篇〉
RECONSTRUCTION OF LITERARY HISTORY IN JAPAN; MEDIEVAL TIMES

【Director's Note】——— 3

【鼎談】
日本文学史を編みなおす〈中世篇〉——— 6
Reconstruction of Literary History in Japan; Medieval Times

鈴木貞美　　兵藤裕己　　荒木 浩
Sadami Suzuki　Hiromi Hyodo　Hiroshi Araki

情緒資本論への第一草稿 ——— 山本哲士　82
Theory of Emotional Capital: first draft　　Tetsuji Yamamoto

『今昔物語集』とは何か(3) ——— 鈴木貞美　121
Konjaku Monogatarishu:
A New Stage in its Research and Methodological Development
in Japanese Literary History　　Sadami Suzuki

iichiko
a journal for transdisciplinary studies of pratiques

【カラー特集】
SENEGAL ———————97
西アフリカ・セネガルの海と川が育む暮らし
Une vie entre ocean et fleuves

写真・文 東海林美紀
Photo & Text by Miki Tokairin

【iichiko note】
昭和100年の場所 ——— 河北秀也 128
Place of Showa 100　　Hideya Kawakita

鈴木貞美 × 兵藤裕己 × 荒木浩

日本文学史を編みなおす
〈中世篇〉

Sadami Suzuki × Hiromi Hyodo × Hiroshi Araki
Reconstruction of Literary History in Japan;
Medieval Times

●すずき・さだみ
1947年生まれ。東京大学文学部仏文科卒。国際日本文化研究センター及び総合研究大学院大学名誉教授。主著に『西田幾多郎―歴史と生命』(2020)『日本人の自然観』(2018)『日本文学の成立』(2009)(すべて作品社刊)など。

●あらき・ひろし
1959年生まれ。国際日本文化研究センターおよび総合研究大学院大学名誉教授。日本文学専攻。著書に『方丈記を読む：孤の宇宙へ』(法藏館文庫)、『京都古典文学めぐり：都人の四季と暮らし』(岩波書店)、『古典の中の地球儀：海外から見た日本文学』(NTT出版)、『『今昔物語集』の成立と対外観』(思文閣人文叢書)など。

●ひょうどう・ひろみ
1950年生まれ。学習院大学名誉教授。著書に『物語の近代―王朝から帝国へ』『演じられた近代』(岩波書店)、『〈声〉の国民国家』(講談社学術文庫)、『後醍醐天皇』(岩波新書)、『平家物語の読み方』(ちくま学芸文庫)、『王権と物語』(岩波現代文庫)、校注に『太平記』(全6冊、岩波文庫)など。

鈴木　中世篇は、日文研の荒木浩さんに基調報告をお願いしました。『今昔物語集』など説話のもつ意味の二重性の探求から中世文学の研究に着手され、『源氏物語』が『源氏物語』になったのはいつで、なぜかという興味深い問題とも取り組んでこられました。日文研では絵巻の夢幻的な、いわゆる「吹き出し」の研究などユニークな共同研究を進め、今日では無常観の国際的多面性へ研究領域を広げておられます。最近は『方丈記』についてまとめられた。多様な問題意識からの文学史へのアプローチがうかがえると期待しています。本日は、事前にいただいたメモをもとにお話しを進めていただければと存じます

　わたしは、荒木さんから前近代の「随筆」の概念についてまとめろと言われて、最近、やっとかっこうが付いたかな、という段階です。吉川弘文館の「日本随筆大成」が、なぜ、随筆を名乗るようになったかを明らかにするようなことですが。実は近代の書誌が絡んでいた。倉本一宏さんに頼まれた「日記」概念より、長くかかってしまいました。

　討論者には、兵藤裕己さん。口承の文芸、琵琶語りの文芸として『平家物語』を論じ、芸能史へ展開して近現代の浪曲も論じた。『太平記』の注釈をまとめられたところで、このシリーズの総論篇にお出ましいただいた。

　なお、この座談会『日本文学史』のシリーズをはじめたときには、文化史上の「中世」は、清盛の福原遷都からと提案しましたが、院政期を考えてみているうちに、上皇が立って、摂関政治から宮廷体制を立て直す動きがあり、それが逆に大きく崩れていって中世に流れ込んでゆくと考えています。その一つは大江匡房に代表される漢詩文と有職故実のまとめなおしの機運が、漢文のあいだに書き下し体の日本文がはいったり、語意を独自に用いる『吾妻鏡』を生んだり、逆に変体漢文が盛んになるきっかけになったといえる。和歌でいえば、源俊頼が『古今和歌集』の精神に戻ろうとします。心を先に立て、次に調べを整え、三段階目に珍しい言葉を求めると定式化し、機知を尊重して、初めて、上の句、下の句をつけあう短連歌を勅撰和歌集にも歌論書『俊頼髄脳』にも入れる。藤原清輔の『袋草紙』には、それが鎖連歌となってきているのがはっきり見えている。和歌と連歌が並行して走る中世的な様態に入っているわけです。後鳥羽院の『新古今』の季節を超えると、和歌の超絶技巧に走った定家はすっかりおとなしくなって、御子左家の保身を図りにかかりました。専門家には定説なのですが、新古今の時代が長く続いたようなイメージが一般には広がっているように思われます。むろん、連歌師は定家の古代の物語などの文献整理や仮名遣いの定めなど高く評価し、また、のちに正徹という定家狂いも出ますが。

　もう一つ、摂関政治期には、ほとんど振り返られなかった民衆の風俗への関心が公家のあいだに高まる。田楽踊りに狂ったり、後白河は『梁塵秘抄』に狂った。藤原頼長の『台記』にも民間風俗への関心もなみなみならぬものがある。ゲイ趣味ばかりに関心が向いているみたいですが。そういう風潮が、源隆国が平等院の南泉房で仏教説話を編み、その門前で巷説の収集を行い、『宇治大納言物語』を編むところに向かった。説話の時代が開けてくると見てよいでしょう。

　他方、都を襲う災害に人々が逃げ惑う様子をリアルに描く場面が『平家』にも『太平

記』にも引用された『方丈記』を先頭に和漢混交文が起こってくるわけです。

　ですから今日は、中世前・中期として説話集、いわゆる軍記物語という題材の多様化とジャンル、文体様式、大和絵など絵巻メディアの展開、そして応仁の乱以降の「戦国時代」などについても議論をすすめてゆくことになるだろうと思います。実をいうと、市古貞次さんは「仮名草子の意味」(1944)で、応仁の乱のころから「仮名草子」の名称がはじまっていることにふれていました。最近、女性史の立場から注目されている「あきみち」、また、いわゆる奈良絵本などについても考察が必要です。通史を扱うのは本当に難しい。どこまで迫れるか。やってみるしかない、というのが正直なところです。では、荒木さん基調報告をお願いします。

荒木　私は本来、いわゆる平安時代から中世、14世紀あたりまでを専門としているので、近世につながるような拡がりを持った細かい話はできませんが、いくつか、中世を論じる話題提供ということで、思いついたことをお話ししていきたいと思います。まず［報告メモ］として作った本日の参考資料を適宜参照しながら、始めたいと思います。［報告メモ］では、

　　0．中世の始発と終点
　　1．「人間五十年」と「定命六十」のこと──『方丈記』鴨長明と信長をツナグ「時間」
　　2．「応仁の乱」へ
　　3．歴史観として「記」された「五大災厄」
　　4．福原と瀬戸内海
　　5．中国からインドへ──『方丈記』と明恵と栄西
　　6．対外観の中世
　　7．『源氏物語』をめぐる──いわゆるカノン化
　　8．作り物語の時間と歴史の発見──『源氏物語年立』(一条兼良)
　　9．源氏物語という早熟がもたらしたもの
　　10．書物の時間、テクストの時間の発見

と章を立てて資料を並べ、さらに付録のケーススタディ3つとして、

　　ケーススタディ１　夢とフキダシの生成
　　ケーススタディ２　「散文の生まれる場所─〈中世〉という時代と自照性」
　　ケーススタディ３　「無常」

というタイトルのレジュメや論文を配しました。

　最初に【0．中世の始発と終点】ということで時代区分ですが、先の鈴木さんのお話にも関連しますが、私の資料では〈なお、ここでの「中世」は、平清盛が福原に遷都し、王朝秩序がひっくり返ったのち、院政・鎌倉期から(中略)後ろは信長政権の成立まで〉という鈴木さんの2024年5月15日付けメールで示された当初の時代区分をもとに、平清盛・福原遷都(1180年)〜織田信長政権の誕生(永禄3年(1560)、桶狭間の戦い)と対象を仮置きして、議論を構想しました。あくまでもたたき台の時間軸で

す。また不完全な資料ですが、拙著『京都古典文学めぐり』(岩波書店、2023年)の「京都文学史年表」を元にして作成した「基調報告資料としての文学史・文献リスト」も参照用に付しています。併せご参照ください。

　また、近時刊行の小川剛生『「和歌所」の鎌倉時代——勅撰集はいかに編纂され、なぜ続いたか』(NHKブックス、2024年)に八代集以後の和歌史の意義と分析があり、その一つの起点として、『新古今和歌集』時代の後鳥羽院の「和歌所」から論じていることにも関心を抱いています。その「和歌所」には、鴨長明がいたからです。私も『方丈記を読む　孤の宇宙へ』(法蔵館文庫、2024年)を出したばかりで、今回の議論の枠組みにおいて、『方丈記』という作品とその思想が、中世文学史に示す道標的視界をあらためて痛感したところでしたから。

　中世とは何か、というのは、日本文学史の中でも長い間論じられてきた課題です。以前、少し調べたところでは、田中裕に丁寧な整理がありました(田中裕「時代区分の名称について」『文学史研究』1、1955年)。それによると「中世」というのは、三区分の他の「古代」「近世」に比べて遅れて出現し、初出は、藤岡作太郎の『国文学講話』(明治40、1907年)とされています。これが、史学の原勝郎『日本中世史』(1906年)に１年遅れることから、その影響関係についても、田中は示唆しています。一方で、坂井衡平『新撰國文學通史　中』序(1926年)でも、「中世」という名称が日本ではまだ成熟していない旨が述べられている、ということも、田中は指摘しています。

　この問題は、【ケーススタディ2】として挙げた、荒木「散文の生まれる場所—〈中世〉という時代と自照性」[1]という論文にも示したように、第二次世界大戦後の占領期前後に、別の大きなうねりがありました。『國文學解釋と鑑賞』は、昭和25年に「特集・文學史の諸問題」という特集を組み(同誌1950年11月号)、ヨーロッパと比べて、日本には古代がないという古代不在論(岡崎義恵「文芸史の時代区分」)と、いやむしろ日本には中世がなく、古代から近世に行く(齋藤清衛「国文学史時代区分についての私見」)という論などが、対置的に配され、議論されています。最近でも、井上章一さんに『日本に古代はあったのか』(2008年)他の問題提起があり、アメリカのUCLAで『万葉集』などを研究しているトーキル・ダシーも、「古代」や「中古」を論ずる国際会議のコロンビア大学国際ワークショップ「日本文学史の再考：時代区分、ジャンル、メディア」[2]の中で、ヨーロッパでの「古代」不在論を視野に入れ、日本や韓国などにおいて、「古代」という時代区分を設定することに疑念を呈しています(2016年)。

　ところで、北畠親房の『神皇正統記』には現代の学会名にも応用される「上古」「中古」が出てきますが、どんな用法でしたっけ。平安遷都との関係は？

兵藤　北畠親房が『神皇正統記』でいう上古は陽成(第57代)以前です。陽成は藤原基経によって廃された天皇で、母は『伊勢物語』の業平とのスキャンダルで有名な二条の后高子です。陽成がいかに非道な天皇だったか、説話集や歴史物語は執拗に書きますが、藤原氏を正当化するそれらで貶められる陽成は廃され、皇統は陽成の祖父仁明(第54代)の異母弟、当時五十何歳かで、陽成とはかなり遠縁の光孝(第58代)に移ります。以後、光孝の皇統が存続したわけで、北畠親房はその光孝以後を「中古」、そ

れ以前は現在とは切れているということで「上古」と呼ぶわけです。

　本誌2025年1月号にも書きましたが、藤岡作太郎も含めて芳賀矢一以後の国文学史でいう時代区分は、ドイツ文献学の大家、シェーラーの大著『ドイツ文学史』などを学んでいます。19世紀西欧の歴史主義的な時代区分と、親房のいう中古や上古はおよそ無関係なはずですが、ドイツ留学から帰国した芳賀は、ドイツで目の当たりにした黄禍論の影響だったのでしょう、ドイツ文献学や文芸学の方法が、じつは江戸時代の日本に「国学」として存在したなどと主張した（「国学とは何ぞや」大正6年講演）。これはヤーコブ・グリムに始まる19世紀ドイツ文献学に対する芳賀の不勉強・無理解としかいえない議論なのですが、その上でドイツ文献学の時代区分を流用するかたちで始まったのが近代国文学の縦割り的な時代区分でしょう。

　さきほどの荒木さんの報告で、鈴木さんの発言を引いて、平清盛が王朝世界をひっくり返したとありました。古代国家が崩壊して「中世的世界の形成」へというのは、戦後の石母田正が広めた発達史観的な歴史主義ですね。現在の歴史学では批判ないしは相対化されている学説ですが、岡崎義恵の古代不在論というのも、ヨーロッパの古典古代に相当するものが日本にはなかったという、かなりナイーブな議論のように思われます。現在では（おそらくベンヤミン以降でしょうが）西欧の近代がギリシャ・ローマを古典古代としてイメージしたこと自体が根底から問われているのでしょう。

　それとさきほど話した陽成以前の「上古」、それと天武皇統の最後の称徳女帝もそうですが、皇統が絶えた天皇は、説話の世界では、きわめて悪意に満ちたスキャンダルが取り沙汰されます。だから私は「説話文学」というのは苦手なんですが、それにしても、ジャンル概念としての「説話文学」は、散文リアリズムを称揚した戦後の益田勝実あたりが広めて学会まで作ってしまったような「文学史」用語ですが、説話文学というジャンル概念はそもそも成り立つのでしょうか。

　たとえば、説話文学の代表のようにいわれる『今昔物語集』に「説話」という語は出てこない。各話の標題の「〇〇〇〇の語」の「語」もコトともモノガタリとも訓めますが、セツワとは訓めない。称徳女帝の淫乱スキャンダルをかなり下品なかたちで開巻冒頭で記す『古事談』も、訓読するならフルコトノモノガタリです。説話文学というジャンル概念もそうですが、そもそも文学史的な時代区分、たとえば『今昔』は中古で『古事談』は中世ないしは近古という時代区分は成り立つのでしょうか。

荒木　説話と物語という語彙とジャンル、そして説話文学という文学史用語の問題は、かつて盛んに議論がなされました。私は、その問題点の整理も行いながら、「説話文学と説話の時代」という講座の論文をまとめています（『岩波講座日本文学史』第5巻「一三・一四世紀の文学」1995年）。詳しくはそちらをご参照下さい。また上古・中古・近古という時代区分は、日本文学史でも用いられ、古代・中世・近世の三区分と微妙な棲み分けとなっています。大和田建樹『和文学史』（1892年）は、上古・中古・近世・今代と区分しますが、中古は平安遷都からとし、それを受けて、芳賀矢一『国文学史十講』（1899）でも、中古は平安遷都から始まると言います。そして芳賀は、「中古文学史の二」に『大鏡』に続けて「こゝに又一つ今昔物語と云ふものがある」と『今

昔物語集』に言及します。ただし芳賀は、同書では『今昔』の作者伝承として旧来の源隆国説を挙げています。この中古が終わると次は近古と名付けられ、鎌倉幕府の時代となります。実質的な中世です。残念ながら芳賀は『古事談』には触れていませんが。そして江戸幕府の創立以降が近世です。その中で、いま実質的には中古という時代区分だけ残っていて、平安朝の『源氏物語』などの時代を中心に、中古文学といい、学会名にもなっています。

　欧米の学会に参加すると、明治より前の文学研究はプレモダンと分類されます。国文学研究資料館のかつての古典籍収集や資料撮影も、明治以前を対象としていました。現在はそうではありません。しかし、建前では前近代と言いますが、私を含めて、本当の意味では前近代という認識が出来ているのかどうか。時代と理念について、自らを省みて、疑問もあります。

兵藤　前近代というのも、日本の「近代」化、西欧化を規準とした呼称ですから、ちょっと乱暴な用語ですね。西欧近代中心のエスノセントリズムと言えるかも知れない。でも、いま日本文学研究で一番活気があるのは、安土桃山から幕末までの近世文学研究だと思いますが、近世文学の研究者は、いわゆる江戸時代をプレモダンと呼んでいるようです。

荒木　江戸を含めて、古代、中世など、前近代をそう総括します。研究者の数も関連しているのかも知れません。ただ、日本の pmjs（Premodern Japanese Studies）というフォーラム（学会・メーリングリスト）でも、pre-modern とは何か、という問題は、簡単ではない議論の対象だったようです。現在、通常、江戸時代をアーリーモダン early modern と呼びますが、modern という語が付く以上、議論は尽きません。

鈴木　わたしは、近代は国民国家形成と定義しています。近代化イコール西洋化ではないと、ずっといってきました。そういう考えが強くなったのは戦後ですね。明治維新は一面、復古革命だったいうことは常識でしょう。神仏習合を解体して、国家神道にした。これが西洋化ですか？　ここではそれ以上いいませんが。ヨーロッパにとって中世は宗教的に闇の時代なので、古代ギリシャ・ローマの人文学はルネッサンスに復活するというスキームです。それを日本で真似て「ルネッサンス」を使うから、おかしな議論になるわけです。かつては戦国乱世を「日本のルネッサンス」としたり。

兵藤　たしかに明治維新は後醍醐天皇がめざした王政復古の「新政」を手本にしましたからね。西欧のルネッサンスもキリスト教以前への復古の側面がありますが、最近の国文学では、中世こそ日本のルネッサンスのように言われたりします。

荒木　そうですね。ちなみに先ほど触れた中世不在論の議論において、齋藤清衛は、「古代文学時代を神代の国初から概ね文明文亀までとし、近代文学時代をその以降現代に到るまでの全部を包含せしめる。（中略）この古代に対する近代文学の時代的性格

であるが、ほゞ欧米文学におけるルネェサンス以後の近世の形態に類するものである」と述べています(齋藤清衞「国文学史時代区分についての私見」1950年)。

　近代における天皇と時代観については、私も時代区分論などにも触れながら、荒木「〈国文学史〉の振幅と二つの戦後──西洋・「世界文学」・風巻景次郎をめぐって」という論を寄稿した、井上章一さん編の『学問をしばるもの』(思文閣出版、2017年)に、関連する興味深い論考が並んでいます。また天皇と武士の問題は、日文研の長いテーマで、近時も倉本一宏さんが『貴族とは何か、武士とは何か』(思文閣出版、2024年)を編集しました。一方で浅見和彦さんは、「東国文学」(浅見『東国文学史序説』岩波書店、2021)を提唱しています。

兵藤　日本史研究では京都系と東京系の研究者でしばしば主張の対立がありますね。中世史研究では武士とは何か、治承寿永の乱(源平合戦)とは何か、鎌倉幕府とは何か、承久の乱とは何か、中世国家とは何かといった問題で、かなり根深い対立があります。戦後歴史学でいえば石母田正と黒田俊雄の対立が有名ですが、現時点で有力とみられる中世史研究者の川合康さんと野口実さんも、鎌倉幕府や武士の位置づけでかなり深刻な意見対立があります。門外漢の私にとってはお二人とも友人ですが。

鈴木　わたしは、「古代」は、どこでも祭祀国家、首長が祭祀を束ねて国家をまとめていた時代と考えればよいと。日本に「古代」がなかったなどというのは、荘園をからめて、「中世」だというからです。公地公民を建前とする中国の古代律令のもとでも、貴族は私領を持っていますから、これもおかしな議論です。日本では律令国家が崩れたとかいうけれど、「式」などと名前は変わるが、古代の国家法は続いていた。それが崩れるのが中世ですね。中国の「封建」は、周代の地方分権をいい、秦が敷いた中央集権が「郡県」制です。これは、中国では亡くなった武漢大の馮天瑜(フォン・テンユウ)が論じて、いまでは院生でも常識です。わたしが日本の「文学」概念ととりくみ、概念編制史研究のシンポを武漢と日文研で何回か開きました。そのあとで、『日本人の自然観』をまとめているとき、藪内清さんが『中国の科学文明』(岩波新書、1970)で、それをしっかり書いていたのを知ったのですが。中国科学史に関連していうと、ジョセフ・ニーダムは日本の武家を、ヨーロッパの貴族的騎士軍団と類比で考えていました。

荒木　ヨーロッパとのアナロジーはどうしても生まれますね。

兵藤　封建制から郡県制の中央集権へというのは、中国では二千年以上前に起こった歴史の転換ですが、日本では、なぜ郡県から封建になったかというのは、頼山陽が深刻に悩んだ問題ですね。そのような議論をすっとばすようにして、近代の日本史研究者が平安・鎌倉期の荘園制問題にこだわったのは、西欧世界のフューダリズムに対応する段階が日本にもあったと主張したかったからでしょう。

鈴木　そのとおりです。おそらくは幕末の外国人が言い始めたのでしょうが、原勝郎

が1910年代に日本の荘園を論じ始めます。荘園制すなわち封建制を経てこそ立派な中央集権国家が成り立つというスキームで、1920年かな、英文の小冊子をまとめています。

そのなかに、日本のアマチュア学者は、江戸時代の制度はヨーロッパとは似ても似つかないというが、という一行があります。わたしはそれをこっそり『日本の文化ナショナリズム』（平凡社新書、2005）で使った。そしたら、歴史学者の顰蹙をかいました、右からも左からも。でも、気づいていた人は一人か二人でしょう。それは余談ですが、明治維新政府は、徴兵告諭（1872）で、はっきり「郡県に戻し」「四民平等」にしたと宣言しています。古代律令が「郡県」と認識されていたことはまちがいないわけです。ただし、日本の江戸時代に行われた封建議論は、妙に職分制とからめている。王陽明が春秋戦国時代は、四民は対等だったといったことが日本でもひろがっていました。どうやら、それと混線したらしい。

そして20世紀の終わりころ、ドイツではヒュータリズムはモデル化できないというのが定説化した。いわゆる封建領主がローマ皇帝や王権と契約関係を結んで、権力を保証してもらい、戦争のときには協力するというやつですね。このあいだ日文研にきていたドイツ人の若い人に確かめたら、もうそれは常識みたいに言っていた。

荒木　ダニエル・シュライさんの話題ですね？　彼は日文研に滞在し、中世史を研究しながら、三木清の歴史思想など、近代哲学をテーマとしていました。

鈴木　はい、三木清と生命主義の関係について研究相談されたときのことです。とにかく日本の封建制度をめぐる議論は、まったく多義的で混乱したままです。第二次大戦後は家父長制論が広がった。これは家永三郎説。「フーテンの寅さん」も、親父が威張っているのが封建と言っていましたね。相手が何を指標に分析スキームをつくっているか、みんなもとがある。簡単に比較できます。

兵藤　荒木さんの基調報告に話題を戻したいと思います。12世紀後半の治承寿永の乱について、鴨長明が『方丈記』で言及するのは、同時代人としてむしろ当然のことだったでしょう。中世も終わりに近い15世紀後半に応仁の大乱がありましたが、14世紀の半ば、半世紀以上に及んだ南北朝の内乱については、荒木さんの基調報告に言及がありませんでしたが。

荒木　すみません、報告の概観から時代区分論などの話が続き、話題が途中になりました。14世紀の南北朝の戦乱については、リストに挙げていないのはご指摘のとおりですが、それは兵藤さんのご専門なので、きちんとご知見をうかがいたいと、敢えて外したのです。あとで補っていただければ、と思います。

それでは、少し話が逆転しますが、資料に即して報告を続けたいと思います。
【1．「人間五十年」と「定命六十」のこと―『方丈記』鴨長明と信長をツナグ「時間」】では、まず1-1織田信長の解釈、として、あまりにもよく知られた、桶狭間の戦いに

際しての「此時、信長、敦盛の舞遊ばし候。人間五十年、下天の内をくらぶれば、夢幻のごとくなり。一度生を得て滅せぬ者はあるべきかと候て、螺ふけ、具足よこせと仰せられ、御物具召され、立ちながら御食をまいり、御甲めし候ひて御出陣なさる」(『信長公記』)という一節を掲げました。幸若舞曲『敦盛』の熊谷直実の述懐の部分に相当します。

　後代、信長という早逝の英雄が体現するこの印象的な場面によって、人間五十年というのが、日本人の寿命観に置き換わってしまいました。しかし、中世・近世の寺院史料を調査していた時、「「人間五十年、下天の内をくらぶれば」続貂」(2008年)という科研報告書の論文を書いて、この問題を追いかけてみると、興味深いことに気付かされました。「後世には『人生五十年』というのが一般的なことわざとなる。幸若舞『敦盛』の『人間五十年』がその最初あるいは初期の用例のように思われるが、なお今後の調査を要すると思う」と指摘する吾郷寅之進「人間五十年—幸若舞曲注—」(『武庫川国文』20、1982年)などの分析にも導かれつつ、後述するような「人間五十年」の仏教的意味合いを確認したからです。また、同じ幸若舞曲の『満仲』の一節に、「生死の習ひ、有為転変の理は、みな夢幻の世の中なり。此の娑婆の定命を思へば、僅かに六十年。下天の暁、老少不定の夢なり。行く末とても、夢ならざらんや」とあって、よく似た文脈の中で、こちらは「定命六十年」を語る。その並列の面白さにも注目するようになりました。というのは、鴨長明に、文字通り「五十年」と「六十年」という年代観が両立しているからです。

　『方丈記』には、「すなはち、五十の春を迎へて、家を出でて世を背けり。もとより妻子なければ、捨て難きよすがもなし。身に官禄あらず。何に付けてか執をとどめん。むなしく大原山の雲に臥して、また五かへりの春秋をなん経にける」、「ここに、六十の露消えがたに及びて、更に末葉のやどりをべる事あり」、「また、ふもとに一つの柴の庵あり。すなはち、この山守が居る所也。かしこに小童あり、ときどき来りて、あひ訪ふ。もしつれづれなる時は、これを伴として遊行す。かれは十歳、これは六十、その齢ことのほかなれど、心をなぐさむること、これ同じ」などとあります。

　長明の「五十年」の前提には——引いては『敦盛』や信長にもつながりますが——長明座右の書である『往生要集』の「<u>人間の五十年を以て、四天王天の一日一夜と為して、其の寿五百歳なり</u>。四天王天の寿を以て、此の地獄の一日一夜と為して、其の寿五百歳なり。殺生せる者、此の中に堕つ。〈已上の寿量は『倶舎』に依り、業因は『正法念経』に依る。下の六も亦之に同じ〉」(『往生要集』大文第一厭離穢土)という説明があります。仏説で、この世の五十年とは、仏法の宇宙からするときわめて短い時間である、という。同時に、東アジアの価値観として、「五十にして立つ」という『論語』があります。長明はおそらくそれも意識し、五十の年に人生の区切りが重なって、長明は出家をする。

　その一方で、佐竹昭広が『方丈記』論で指摘するように(新日本古典文学大系、佐竹『閑居と乱世』など参照)、中世において定着した、人間は六十年生きる、という定命観に、長明は意識的でした。まだ六十にもなってもないのに、長明は『方丈記』の中で、繰り返し六十だと強調する。五味文彦さんは、『方丈記』のまま読んで計算が合

う、という生年説を提示するのですが、やはり、確実に、早めに六十と言ってるところがあります。五十年の出家から六十年の命へ。その結節と、悟りへの道のデッドラインへの焦りと、諦念のようなものの中に、鴨長明の『方丈記』の往生希求がたゆたうように思います。

　このように、年齢観の継続が、中世始まりの長明と、中世終焉の信長の時代とで、あたかも遠く交差するという点に、面白さを感じました。ちょっとこじつけですが、まさにこの年齢観は、確かに、福原の時代から信長の時代を、中世という、ひとつの区切りにできるのではないか、と鈴木さんの当初の時代区分論を解釈した次第です。近世になるとまたちょっと違ってくる。

　次に、【2.「応仁の乱」へ】として、後世の心敬（1406〜1475）が、『ひとりごと』（1468年）という書の中で、『方丈記』を引きながら、「永享の乱、嘉吉の乱、徳政、旱魃、大火を説き、応仁の大乱に筆を運んでゆくところ、『方丈記』の天変地異の条を意識しつつ、鮮やかに大乱に至る世相を写しとって」いく（引用は島津忠夫「心敬年譜考証」、詳しくは荒木『方丈記を読む』参照）ところに注目しました。

　心敬は、混乱の京都を脱出し、伊勢から東京に出て来て、あたかも今、私たちの鼎談の場である、この品川に長い間に住む。最後は神奈川にいたようですが、品川にいて、彼が応用する『方丈記』の視界が、当時の京都を二重映しのパノラマで見せてくる感じがあります。長明の経験した福原遷都は、京都から、今の兵庫県に都が移る。これは単なる場所の移動じゃなく、中心点の移動です。これまでは京内・京外、畿内・畿外と言っていたものが入れ替わる、文字どおり、パラダイムチェンジの体験です。世界観の展開を、鴨長明は感じた。なのでわざわざ長明は『方丈記』で、「自(おの)づから事のたよりありての今の京にいたれり」、訳せば「たまたま事のついでがあって今の摂津の都に行った」と書いている。単にふらっと行ったはずはないのですが、本人は『方丈記』総体で、「源平の戦い」を明記しない書きぶりをしており、都がもとの京都に戻った視点で『方丈記』を書き、その激動を回想して俯瞰しています。

　次に、【3. 歴史観】として「記」された「五大災厄」、ということなのですが、我々は政治とか災害とか、問題を分節・特定して考えますが、心敬が『方丈記』に関心を持ったのは、〈世の災厄は複合だ〉という視点です。私は、シンデミックという用語を応用してみたことがありますが、災害があり、病があり、政治があり、泥棒がいて、地方と中央との途絶がある、といった、近時の都の混乱を、心敬は、品川という場所で読み取っていく。かつて『方丈記』を読んだときに、あんなことはありえないと思ったけれども、本当にあるんだ……、と確認しつつ、応仁の乱への展開として『方丈記』を活用して理解し、説明して心敬は、まさに鏡としての歴史を往来する。

　ところで、鴨長明の災害観などと、ごく普通に我々も言いますが、どこまでが長明のものなのか。あらためて真面目に考える必要があるのではないか、とも最近は思っています。たとえば少し前に、「五大災厄」という表現を追いかけたことがあります（荒木「「五大災厄のシンデミック―『方丈記』の時代」という問題群」『説話文学研究』58、2023年）。最初は、随分前からある言葉だろうと思って調べてみたところ、古い用例がなかった。いま気付いている早い例は、五十嵐力（1874〜1947）という、近代

の研究者の使用です。国立国会図書館では、「次世代デジタルライブラリー」を経て、現在の「国立国会図書館デジタルコレクション」でも文字列調査ができるようになったので、「五大災厄」を検索してみると、一例だけ五十嵐力『平家物語の新研究』（1933年）という概説にたどり着く。

そこで少し調べてみると、五十嵐は、『軍記物語概説』、『平家の（新）研究』という概説を幾バージョンか書いたのですが、最初は「五大災厄」とは出ていません。関東大震災後に書いた改訂版で、ようやく「五大災厄」という言葉が出て来ます。五十嵐の各バージョンの書誌を負うと、途中で間違って「六」大災厄とも書いていましたが、やがて「五大災厄」で確定します。ただ、まだその経緯と時代状況などの詳細を詰め切れていないので、このことについては、面白くも大事な問題として、あらためて稿を起こして、どういう経緯か詳しく考察したいと思っています。

ともかく、近代の読者が、災害こそ『方丈記』叙述の中心であり、それが五つ有ることを自覚したのが、たぶん関東大震災以降ではなかったか、と思うのです。夏目漱石が学生時代に行った『方丈記』の英訳（1891年）では、最初の二つだけ災害を訳して、あとは「not essential」本質的ならず、と省略してしまっています（荒木『方丈記を読む』他参照）。それが、震災以降は、漱石門下の寺田寅彦も芥川龍之介も内田百閒もみな、災害を『方丈記』と重ねて言うようになったのですから。

このように、さまざまな形で、鴨長明が提供した時代観というのは、中世を考える上で有効性があり、わりと面白いんじゃないかと思っています。

その後、慈円の『愚管抄』も時代観に関わります。彼は保元の乱という画期に見る武士勃興による乱世観を説き（「保元ノ乱イデキテノチノコトモ、マタ世継ガモノガタリト申モノモカキツギタル人ナシ。少々アリトカヤウケタマハレドモ、イマダエミ侍ラズ。ソレハミナタヾヨキ事ヲノミシルサントテ侍レバ、保元以後ノコトハミナ乱世ニテ侍レバ、ワロキ事ニテノミアランズルヲハバカリテ、人モ申ヲカヌニヤトヲロカニ覚テ…」、「サテ大治ノチ久寿マデハ、又鳥羽院、白河院ノ御アトニ世ヲシロシメシテ、保元元年七月二日、鳥羽院ウセサセ給テ後、日本国ノ乱逆ト云コトハヲコリテ後ムサノ世ニナリニケルナリ」など）、あたかもそれが中世と重なることです。かたや『方丈記』の五大災厄は、まさにそっくり『平家物語』が受容して、歴史叙述に採り入れます。もし『方丈記』がなかったら、『平家』は違う時代観で書かれたのではないか、と思われるほどです。

そして【4. 福原と瀬戸内海】ですが、なにより福原が重要なのは、瀬戸内海航路にあることですね。『方丈記』は福原で、「西南海の領所をねがひて、東北の庄園をこのまず」とも歎いています。山内譲『中世 瀬戸内海の旅人たち』（吉川弘文館、2003年）などによれば、これは清盛が開いたもので、高倉天皇が厳島の行幸記を書いていますが、これも天皇の初めての瀬戸内海物語になっているようです。

瀬戸内海がなぜ大事かというと、京都から中国へ行くための一番確実なルートとして、博多へとたどり着くことです。平家が、博多目前の壇ノ浦で滅亡することに、必然的な意味を見ていいのか。

これは兵藤さんにお聞きしたいのですが、つまり、壇ノ浦を超えると海外脱出にな

りますよね。そういうことは、平家逃亡を考える上で明確に言えるのでしょうか。

兵藤 それは『平家物語』にはありませんが、『平家物語』に取材した木下順二の有名な戯曲に『子午線の祀り』があります。野村萬斎によって今も舞台化されますが、その結末は壇ノ浦合戦です。平家方の阿部重能が、日本を脱出して天皇とともに大陸へ渡ろうと、総大将の平知盛に進言する場面があります。知盛はその進言に対して、「中空に浮かべようつもりか、日本国を」という印象的なことばを放っています。

荒木 それは、リアルですよね。本当に近くて、あそこさえ抜ければ中国への道は見えていた。そこで、その安徳と二位の尼、平家一門が「明石」の龍宮に居る、という建礼門院の「夢」のことがここで問題になります。関連することは、荒木「明石における龍宮イメージの形成─テクスト遺産としての『源氏物語』と『平家物語』をつなぐ夢」(『アジア遊学261 古典は遺産か?』2021年)や、同「〈文学遺産〉と〈キャラクター〉──古典イメージの展開と現代性」(『跨境　日本語文学研究』17-1、2003年)というオープンアクセスの雑誌の論文[3]に集約しました。詳細は、同上論文をどこかでご参照いただくとして、以下、それの考察に沿って述べます。

　平家は、博多直前の壇ノ浦で滅亡して、多くは海に沈みますが、『平家物語』灌頂巻によれば、建礼門院が都へ船で移送されて戻ってくる時に、明石で夢を見て、実は、安徳天皇以下、平家一門は竜宮にいる、と母二位の尼などから告げられる。彼らは竜宮という異界にいて、そこには、昔の内裏よりもはるかに立派な宮殿が見えた、と建礼門院は語っています。

　これは、中国へ出られる必然的経路としての壇ノ浦というトポスと、一対になっているのではないか。思いつきのように聞こえるかもしれませんが、当時、わりとリアルな問題だったんじゃないかと思います。清盛が進めた日宋貿易によって入ってくるのは、大陸の文物です。多様な唐物、そして書物。知識の源泉が流れ込む場所でした。壇ノ浦という地は、あと一歩のところでそこを抜ければ、異国へ続く違う宇宙がある。単なる逃亡ではない、幻想のトポスとなったのではないか。

　そしてそこには、もう一つの時代の区切りとして、宝剣が消えた、ということがあります。壇ノ浦での帝の投身で、紛失の危機にさらされた三種の神器の二つは回収され、大阪まで海路で運ばれて、淀川をたどり京都まで戻される。ですが宝剣は見つからず、国家を挙げて一所懸命探す。その経緯の詳細は私も興味があり、『続古事談』作者説とも関連すると考えて、私が注釈を分担した『新日本古典文学大系　古事談　続古事談』の解説などに記しました。しかし、探索を尽くしても見つからない。『愚管抄』は、「乱世」「ムサ(武者)ノ世」となった今、宝剣が無くなった分を武士が守る。その保管論の道理を提案して、時代の区切りとします。

　宝剣と共に沈んだ帝はまだ八歳で、そしてあたかも、竜宮に行ったという。『法華経』が説く竜女成仏と同じ八歳で、安徳は女だったという説も現れます。壇ノ浦で沈んだはずの天皇とその祖母の二位の尼が、何故、明石の海底にいるのか。『愚管抄』は、安徳帝が厳島明神の転生である、という説を記しますが、『平家物語』では、厳島

明神は竜王の姫君の垂迹とされ、あの『平家納経』の図柄ともつながっていきます（以下も、詳細は荒木前掲「明石における龍宮イメージの形成」参照）。だから厳島神社に竜宮があれば、何の問題もない。そこで『源氏物語』に話が戻ります。なぜ明石かというと、これは完全に『源氏物語』の影響ではないでしょうか。『源氏』は、明石の竜王の話を何度も書いています。

建礼門院のサロンには、『源氏物語』の教養、いわゆる源氏文化がありました。海を渡って運ばれてきた建礼門院は、明石で夢を見る。そこには竜宮があり、立派な宮殿で自分の息子の天皇と母親と、その一族が存在している。それがなぜ大事かというと、繰り返しになりますが、そういう形で建礼門院の『源氏物語』享受が、『平家物語』に影響を与えている、ということなのです。

さらに『平家物語』では、ナラティブの問題があります。『平家物語』巻十一の本編では、壇ノ浦のことが叙述されますが、灌頂の巻では、建礼門院が後白河に、自分の経験を語りますが、その経緯が本編とは違う。本編では、母親が飛び込み、天皇が飛び込み、そして建礼門院自身も飛び込んだら、武士に髪を引っ張られて、熊手で戻った、と描かれています。しかし灌頂の巻では、母から、私達は行くけれども、女は無理するな、お前は来ないで、と言われて踏みとどまった、ように見えます。飛び込まずにきれいなまま船に残っていたような語り。その語りのつづきに、『源氏物語』が提供するような明石の夢が出てくる。なぜそれが大事かというと、それは『平家物語』の主題にまで関わる『源氏物語』の大きさ、いわば源氏文化をどう考えるか、ということにつながるからなのです。

もう一つ付言して、【5. 中国からインドへ──『方丈記』と明恵と栄西】という章を立てました。こちらも詳しくは、荒木「〈唐物〉としての「方丈草庵」──維摩詰・王玄策から鴨長明へ」『アジア遊学275「唐物」とは何か』（2022年）に書いたのですが、長明と同時代の僧侶の対外観から長明の世界観を浮かび上がらせようと試みました。

・栄西（1141〜1215）（京都、東大寺、鎌倉）……中国からインドへの志向
・鴨長明（1155？〜1216）（京都、鎌倉、福原）……海外への志向？
・明恵（1173〜1232）（京都、紀州）……インドへの志向、断念

というシュミレーションです。単純化すると誤解を招くので、上記論文か、荒木『方丈記を読む』を御覧いただきたいのですが、栄西が中国へ行って、重源と一緒に帰ってくる。栄西は、もう一度中国に行きますが、そのとき栄西は天竺を目指していました（『栄西入唐縁起』）。当時、結局、インドに行って戻ってきた日本人はいないのですが、栄西がインドへ行きたいと思うくらい、中国の先が見えていた人達が相当数いた。たとえば後輩の明恵がそうです。実際にインドを志した栄西と、鴨長明は、鎌倉の源実朝などを間にして、割合と近いところにいました。立場は大きく違いますが、例えば、天竺の維摩の方丈を希求した鴨長明にも、インドまでの世界観があったと考えると、どうでしょう。平家の拠点であった福原に立ち寄ってみたり、平家の滅亡を目の当たりに見た、激動の同時代人。草庵で鬱々とする、とびきりの中世人の中に、ひそかなインドへの視界があって、瀬戸内海という道が見えていたと考えると、ふたたびこじつけですが、『方丈記』という問題群は、大航海時代までを見晴るかし、中世

をつなげる視点となるような気もします。

鈴木 それは考えてみたことないですね。栄西は真言を学んで帰って、天台真言を磨いた。けれども、天台真言は、安然が草木も発心するというところまで突き詰めていた。末法思想の広がりのなかで歿後の成仏を求める衆生の声が高まり、煩悩即菩提みたいなことが説かれ、行が疎かになりがちな傾向に危機感が強かったのだと思います。それで常住坐臥がこれ修行の禅宗に向かったとわたしは考えてきました。

　従来、鎌倉新仏教も行の側面が強いといわれてきました。中村元さんらが定説にしていた。ですが、その背後には、行が疎かになりがちな空気が日本の仏教界にあったからだと。道元が只管打座一本でいったのもそれだろうと。まあ、公案も書いてはいますが。

　インド志向は、玄奘三蔵がインドから古い仏教を運んで天台を一新したみたいに思われていたこともあるでしょう。呪文に発する真言も密教はインド発祥だったでしょうし、禅宗もダールマがインドから運んだと伝えられていた。つまり仏教の大本をつきつめたいという志向があっておかしくない。

　日本の場合、桓武が唐代の仏教で栄えた奈良との対抗上、最澄に命じて天台を後から入れた。公認したわけです。それで、隋代に智顗が天台を開いた中国とは順序が逆になったところがある。密教はインドでは古いですし。空海は南都と親密だった。

　景戒の『日本霊異記』では、役小角が孔雀教といわれていた。密教で式神を使うと悪口をいれてましたね。それはともかく、平安前期の天皇は、空海が嵯峨天皇を薬子の乱で応援して、宇多、醍醐と三代、真言に帰依した。

　比叡山が真言の曼陀羅を手に入れたいと、やっきになったのも無理はない。そして、安然が「草木も発心する」、自ら成仏を願うというところまで真言を進めた。悉皆成仏の行き止まりまでいった。末木文美士さんの博士論文です。それもあって、栄西は禅宗を求めにもう一度南宋に行ったのだと思うわけです。あの、お茶の栄西です。

　けれども、栄西は、九州で布教して、南都・北嶺から排撃され、後鳥羽の禅宗停止令で京都には入れなかった。そこで鎌倉まわりで頼家のバックアップを受けて、天台・真言と兼修の形で建仁寺を開いたわけですね。武士には、極楽往生を願う浄土教思想より、禅宗の方がよほど適していることくらい誰でもわかるでしょう。

　それとは別の話ですが、鴨長明が福原に行ったとき、旅費が出ていたのは確実でしょう。長明の琵琶の師匠、中原有安が九条兼実にも琵琶を教えていた。おそらくその関係で、有安から見てこいといわれたと推測できます。世情探索方とまではいわないけれど、有安のもとで、一定程度そういう役割を果たしていたと考えてよいでしょう。むろん、あのものごとのしくみへの関心のもちかた、現場観察の眼と動態描写の力は彼が独自に養ったものですが。動態映像のなかった時代に、あの火事や竜巻の動きのある描写はすごい迫力ですよね。

　それはともかく、長明には禅宗は気配もないです。彼が庵を建てた山は醍醐寺の寺域です。醍醐天皇の真言宗ですね。長明は法然門下の禅寂という方に葬儀に月講式を詠んでくれと頼んで逝った。葬儀には間にあわなかったが、禅寂は執筆して三十五日

に演じました。醍醐寺ゆかりの日野家の人で、若いときには漢文がよくできたらしい。講式は漢文の、声明の語りのようなもので、朗誦するのがかなり盛んだったらしい。でも、月を讚嘆する講式なんて珍しいものでしょう。

　法然の説いた理論では、称名念仏に打ち込めば、中有を経ずに誰でもまっすぐに阿弥陀仏のもとに行けるのです。原理としては四十九日の法要も要らない。それで、禅寂はためらっていたのだと思います。長明のころには、もう私度僧を差別することはないですが、彼は天台から受戒したわけでもない。このあたり、月への想いが強かったというしかないと思います。真言式に月想観をしていたのかなと、想像してはみますが、満月を観じて夜空いっぱいに広げるらしい。難しいものです。長明は若いときから、月を歌に詠んでいます。それも、入日を見るより、どうしても自分は東の空に出る月が気にかかるとか、そういううたです。

　ただし、『発心集』では『阿弥陀経』を講じる念仏聖に乗り移っていますけどね。釈迦の最終のことばといわれているものです。ただちに、阿弥陀仏のもとへ行けるということばもみえます。これはしかし、知人が死に瀕して、それでも現世に心を残しているのを見て、気の毒に思い、それなら安心して浄土へ送ってやろうとなった。『発心集』序文では『往生要集』をからかっているのがはっきりわかるからですが。

　それから、荒木さんは『方丈記』にも、年齢をおぼめかしているところがあると読んでいるようですが、わたしは、ちょっとちがう読みをしています。長明は、年齢をはっきりさせる必要があったと考えています。後鳥羽院の和歌所を抜け出した理由を告げなくてはならなかったからです。後鳥羽院の河合社の禰宜にしてやろうという提案に困り抜いて、身の置き所がなくなって抜け出した。それを告げるためです。源家長には、そこがわからなかった。それはちくま新書『鴨長明　自由のこころ』（2016）に書いたけれど、愚かな誤りもあるので、しっかり書き直すつもりでいます。

　少し戻って、『源氏物語』の明石ですが、都からの境界だったことはそのとおりでしょうが、明石の向こうは、当時は海賊の海ですね、10世紀以降、とくに摂関政治の時代は都意識が強い。都の圏域もふくめて。わたしは、あそこで、明石の入道の稲倉にふれているのに注目しています。というのは、平安中期の作り物語にも回想記中の紀行文にも、海辺で働く人は出てきても、農事にふれた記事を見たことがない。けれども、受領の娘は越前の有力者の稲倉を見たのだろうと。そして、そこには「四季折々につけて趣向をこらした建物」が出てきて、のちの「四季の庭」の伏線みたいになっている。むろん『うつほ物語』の四季の庭を承けてのことですが。

兵藤　なぜ明石なのか。これまで明石検校覚一の問題にも関連していろいろ書いてきたのですが、一般的に読まれている『平家物語』は、「当道」、わが芸道・斯道をいう語で、盲僧・琵琶法師たちの「平家」と、その座組織を当道といいますが、当道の「中興開山」とされる覚一検校が、応安4年（1371）に「口筆を以て書写（口述筆記）」したのが覚一本です。その覚一検校は、当道の伝書・式目類で将軍足利尊氏の庶子とか異母弟とか甥とか言われますが、それは当道と足利（源氏）将軍家との浅からぬ関係から付会された当道盲人たちの伝承でしょう。

その覚一検校は知行地として明石の地を賜ったから「明石殿」「明石検校」と呼ばれたというのですが、この伝承も、『源氏物語』明石巻で明石入道が「琵琶の法師になりて云々」とあるのをふまえて作られたものでしょう。平家琵琶の大成者である覚一が明石とのゆかりが言われる一方で、『今昔物語集』で「盲琵琶」の元祖とされる蟬丸は、百人一首の歌でも有名なように逢坂の関に住んだといわれます。
　明石と逢坂は、それぞれ律令の規定で、朝廷の直轄地である「畿内」の西と東のはずれ、いわゆる畿内五ヶ国（山城・大和・摂津・河内・和泉）の西端と東端が明石と逢坂です。平安時代末期まで、五位以上の貴族が朝廷に無断で畿内の外つまり畿外に出ることは、律令や三代格等の法令で固く禁じられていました。『源氏物語』では、畿内の西のはずれ、摂津の須磨で謹慎していた光源氏は、暴風雨のため畿外の明石へ出てしまう。それをきっかけに物語が大きく動いていきますね。

荒木　先に挙げた「明石における龍宮イメージの形成」という論文でも触れましたが、藤井貞和さんもその畿内・畿外、ボーダーの問題を言及されていますね。

兵藤　律令の施行細則集の延喜式は、朝廷が臨時に行う祭として「畿内堺」の十処疫神祭について記しています。帝都である京の周辺で疫病が流行った時に行われた臨時祭ですが、その「十処」の最初に上げられるのは畿内の東端の逢坂で、締めの十番目に上げられるのは西端の明石です。明石と逢坂は、早く大化の改新の詔（646年）で畿内と畿外の境界と定められていたのですが、その「畿内堺」は、朝廷の直轄地としての畿内の行政上の境界である以上に、京都中央にとってはこちら側とあちら側、いわばこの世とあの世との境界だったわけです。
　この世の向こう側から、王朝世界を脅かす怨霊や悪霊はやって来る。そして疫病などの災厄をもたらすわけで、だから琵琶法師の元祖である蟬丸と、平家琵琶の元祖である覚一という盲人の検校が、それぞれ畿内の東端の逢坂と、西端の明石にいたとされるのは十分に理由があるわけです。じっさい明石と逢坂に盲僧・琵琶法師が集住したことは史料的にも確認できるのですが、そんな前提があって、『源氏物語』明石巻の話や『平家物語』の建礼門院の夢見の話も生まれたのでしょう。

荒木　そのお話しが聞けて、嬉しいです。私も、前掲「明石における龍宮イメージの形成」において、兵藤さんの関連論文を引用させてもらっていますし、ご見解を否定していません。ただ明石の竜の夢、竜宮のイメージをつくる一つの要素として、『源氏物語』があることは間違いないですよね。そういう形で、単に書物だけじゃなくて、内在的な問題として、『源氏物語』がなぜそんなに力を持っているのか、本当に不思議な作品です。「紫式部は天才だからね」で話を終わらせてしまいがちで、しかし結局、それが一番分かりやすい説明なのですが。
　続く【7.『源氏物語』をめぐる──いわゆるカノン化】にも示しましたが、こういう追跡はアメリカの研究も参考になります。トーマス・ハーパーさんとハルオ・シラネさんが編者となり、『源氏物語』の受容史を全部ピックアップして、英語に翻訳して、

近代まで並べた書物があります。*Thomas Harper and Haruo Shirane, ed., Reading The Tale of Genji: Sources from the First Millennium*, Columbia University Press, 2015. という本です。詳しい中身と評価は荒木「〈書評〉トーマス・ハーパー、ハルオ・シラネ編『『源氏物語』を読む――十世紀からの文献群』」[4]をご参照いただくとして、概要は下記のようです。

第一章は「フィクション（そらごと）についての初期の議論」（Early Discussions of Fiction）。

第二章は、『源氏物語』に関する、とりわけ女性による『源氏』論争に着目し、それを「源氏ゴシップ」と名付けて論じる（Genji Gossip（Plus a Bit of Good Advice））。

第三章は、「カノン化へ」（Toward Canonization）と題して、定家の父藤原俊成を起点とする流れが取り上げられる。

第四章は、「源氏供養」（Obsequies for Genji）。狂言綺語観と『源氏物語』の中世の受容の関係を考える上で重要なこの概念と儀礼とが詳細に説明される。

第五章は『源氏物語』外伝」（The Tale of Genji Apocrypha）と題し、現存の『源氏物語』には収録されていない、古逸の巻、や擬作の類いが取り上げられる。

第六章は「中世の注釈」（Medieval Commentary）。注釈の発生から中世の終わりまで、そして近世へと続く研究史を概観し、その歴史と展開、そして個別の注釈書について詳述。

第七章は「江戸時代の研究」（Edo-Period Treatises）。最終の第八章は、「近代の受容」（Modern Reception）。

これをみると、途中からカノン化が始まります。カノン（正典）化というのは、シラネさんが日本文学研究者に示した重要なテーゼですが、聖典、経典とのアナロジーで言えば、注釈と馴染みがいい。物語が、注釈を付けられるべき作品になっていったというのがまず異様なことです。そら言・フィクションであるものに対して、注釈を大真面目にする必要が出るというのは。それと並行して、紫式部という作者が実体化してくる。これまではむしろ物語の作者はいない。それは匿名の人々の言い伝えだ、という建前だったのが、紫式部という実態が、後世の人の夢にまで出てくるような実態感を伴ってくる。『源氏』は、ロラン・バルトのいう〈作者の死〉の反対で、〈作者の誕生〉を我々にもたらしました。この問題は、荒木「希求される〈作者〉性――物語という散文の成立をめぐって」（『〈作者〉とは何か――継承・占有・共同性』岩波書店、2021年）という論文でも考えてみました。

兵藤 『源氏物語』の証本（正本）、拠り所となる「真正な本文」の制作作業を終えた藤原定家は、『明月記』元仁２年（1225）２月の条で、「狂言綺語たりと雖も鴻才の所作なり。これを仰げば弥高く、これを鑚てば弥堅し」と記しています。「これを仰げば云々」は、『論語』子罕篇のよく知られた一節ですが、儒仏の書ではない「狂言綺語」（仏教でいう妄語）ではあっても、『源氏物語』は孔子の言で賛えられるような公家社会の正典になっていた。「鴻才の所作」の鴻才、非凡な大才は、もちろん紫式部ですが、平安時代の物語草子で、作者名（実名ではありませんが）が特定されるのは、『源氏物

語』が唯一の例外ですね。

荒木 その早さも含めて、ある意味、異常なくらいですね。それによって何が起こるか焦点を当てようとしたのが、私の資料の7. 以降、【8. 作り物語の時間と歴史の発見――『源氏物語年立』（一条兼良）】【9. 源氏物語という早熟がもたらしたもの】【10. 書物の時間、テクストの時間の発見】と続く一連です。

　『源氏物語』の偉大さによって、時間と歴史を、たとえば「准拠」などとして、物語に見いださざるを得なくなった。一方、作品内部の時間としての大きな変化は、一条兼良が言い出した「年立」という概念です。荒木「出産の遅延と二人の父――『原中最秘抄』から観る『源氏物語』の仏伝依拠―」『国語と国文学』2018年2月号、同『古典の中の地球儀』NTT出版、2022年）などでも論じたように、『源氏物語』という長編を、それまでは勝手に読者が巻々を読んで時間を紡いでいたので、たとえば光源氏の子・冷泉帝は、母・藤壺のお腹に3年いたことになったりしました（『原中最秘抄』）。物語を単線的な時間ととると、3年に計算できてしまう、それは異常出産だと。だから冷泉天皇は不思議な存在だということになるのですが、こうした誤読を一条兼良が取り上げて、大間違いだと。物語は主人公の年齢に即さなければならない。兼良は、まさに時間の発見をして「年立」と呼び、『源氏物語』を読みくずしていくのです。こういうパラダイムチェンジがあちこちで勃発するのが、『源氏物語』の傑作性だと思います。

　物語における時間性とその表現は、いくつかの要因と重なって、大事な問題になると考えています。たとえば、国宝の『源氏物語絵巻』には、あまり動きのある時間がなく、静かにしんとしている。一方で、『信貴山縁起絵巻』や『伴大納言物語』などの説話絵巻は、かつてアニメの起源だとか言われましたが、時間をあの絵の中に入れ込むことが出来ている。そのように、時間表現の技術に目覚めさせたのが中世だと言われます。そして動かないはずの絵巻に、時間や動きを表現せざるを得なくなったことで、逆に、素人っぽい意見ですが、『源氏物語絵巻』などが、絵としては不完全に見えてしまうようにもなった。

　この時間性という問題群において、たとえば軍記物語とか『太平記』のような物語が歴史ということを描くのと、作り物語において時間が見いだされていくことがどう関係するのか、教えていただきたい、などと思ったりもします。

　ちょっと問題が飛びますが、かつて夢をめぐる共同研究をしていたことがあります（『夢見る日本文化のパラダイム』法藏館、2015年、『夢と表象』勉誠出版、2017年など）。夢の世界が、フキダシの中に書かれることを考えながら、やがてそのフキダシが、マンガなどでよく知られるように、台詞の記述場所となる。一方、著名な『鳥獣戯画』の中で、蛙が口から、ファーと線を出す。こうしたフキダシと声の線との関係をどう理解するか、ということを、最近、時間の問題とからめて、改めて考えるチャンスを得ました。荒木「中世の声の画像化素描――「かのように」声を描く歴史をめぐって」（マルクス・リュッターマン編『「かのように」の古文書世界――コミュニケーションの史的行動学』彩流社、2024年）という論文です。

　ここでは、寺島恒世「歌仙絵における文字表記――〈左右〉の意識と左書きの来歴」

(『日本文学』2014年7月号)という興味深い論文を紹介しておきます。日本語では、縦書きのときは文字を右から左へ書きますが、中世のある時期、歌合絵を描くときに、わざと片方の和歌を左書きにするようになります。歌合絵で、残存しているものは少ないですが、歌人が向き合って詠んでいる歌が、片方は右から書き、もう片方は左から書いている歌合絵があり、寺島さんが適切に論じています。これは、声が口から出てくるので、そう書きたい、口から出た順に、言葉・文字を書かなきゃいけないということらしいのです。もともと、中国にも左書きがあり、対照的な図柄を書くときに、文字列を左右逆にしていた。詳しくは屋名池誠に重要な考察があります(「縦書きの奇妙な世界」『図書』639号、2002年他)。

その先に、画中詞と呼ばれる、絵の中に直接、文字で話し言葉を書き、線や象徴でなく字で書こうという、表象があります。かたやフキダシは、魂や夢を描くデバイスとして中国からもらったひとつの型ですが、それが声の線や画中詞と連動して、日本の中世後期以降に、いろんな工夫や遊びへとつながっていきます。こうした問題は、私の中で、いくつかのプロジェクトとして継続されています。近くは『古典の中の地球儀』(NTT出版、2022年)の中でも整理しましたが、最近、エジプトに行く機会が与えられて、発表を構想する中で、この問題を違う視点で少しじっくり考える機会がありました。アルファベットなどとは逆に、右から左へと進む中東の文字の文化を考慮に入れると、より問題が拡がるのですね。いずれ活字になります。

また、先に言及した【ケーススタディ2】の荒木「散文の生まれる場所—〈中世〉という時代と自照性」では、〈国文学〉という学問では忘れがちな、海外のパースペクティブから国文学者が考えたこと、という視点を追いかけました。この論文は、

　一、二つの戦後と文学史研究—「自照文学」と「世界文学」をめぐって
　二、戦後インパクトが帰着するところ—対外観と日本文学史
　三、他者の言語と私の歌—海を渡る自照性
　四、「言語のプライバシー」の自覚—「倭歌」が伝える自国意識
　五、内向化・形式化する夢と「夢記」
　六、夢を観ない散文の系譜—随筆と称される形態
　七、散文の成立と心の鏡
　八、内面化する世界／世界化する内面—おわりにかえて

という章立てです。先に取り上げたのは第一章ですが、論総体を思い切って圧縮すれば、「古代・中世の日本文化は、いつも大陸や韓半島と向き合って自国性を照らし出してきた。そもそもその歴史観と世界観こそ、文字通りの自照性であり自国意識なのである」と自国意識と自照性を取り上げ、論文末尾では「海を渡る文献の完成を後押しする夢の力。その中に倭歌という「言語のプライバシー」を投企する自国意識。心を鏡のように磨き、世界を内面化しようとする和歌。その鏡の心という装置であらゆる外部世界を内面化し、それを和語の力で外在化して送り出す散文の成立…」とまとめ、「自照性と対外観をキーワードに、中世文学における散文成立の一面を議論し」た論文です。

たとえば、先にも触れた『往生要集』を書いた源信は、それを博多から中国に送りま

す。その時一緒に、慶滋保胤の『日本往生極楽記』などをセットで送るのですが、『日本往生極楽記』には、往生した日本人の伝記が漢文で書いてあります。そのなかで、聖徳太子と行基にまつわる二話の伝記の中にだけ、和歌が引用されていて（しかも聖徳太子は観音というインド人の化身で、達磨の化身という片岡の飢え人と、行基も文殊の化身で、南天竺の婆羅門僧正と、それぞれ和歌を贈答します）、それが万葉仮名で書いてあった。文字としては全部漢字なわけですが、中国では和歌の所だけが、まるで陀羅尼のように、読めない。

　往生者の伝記については、漢文で、中国人が理解出来る言葉でいくらでも書けるけれども、日本の仏教にはあなたたちには分からない神秘性がある。そんなことを伝えたかったのではないか。しかもそれは、インドの陀羅尼と通じる神秘性がある、と。和歌陀羅説の淵源です。遊びか真剣かわかりませんが、漢字で書かれているのに、中国人には敢えて読めない文字列を載せた。私はそのことを、ベネディクト・アンダーソンの言葉を使って、「言語のプライバシーを利用した」と説明しました（荒木『『今昔物語集』の成立と対外観』思文閣出版、2021年も参照されたい）。

　以前ブルガリアに行ったときに、横にいたロシア人が、文字は全部読めるけれど意味が全然分からないと言っていました。キリル文字は、ブルガリアが発生の起源とされますが、基本的にロシア語と同じなので、文字は全部読めるのだが、文字列として何を言っているか分からない、と。同じように、共通の文字である漢字を使って中国を飛び越え、仏生国インドと日本を交流させる。日本の仏教始祖の伝記のなかに、日本とインドの人にしか分からない言葉が漢字として入っている。そういう遊びを、日本仏教史の冒頭に掲げ、やまとことばの和歌で行ってみせたのではないか。

　そうしたことが、外国を横に置くと見えてくる。それがひとつ。もうひとつは、「散文」についてです。日本の文学のひとつの基本的な理念は、『古今和歌集』の仮名序で、心を種として、いろんなことばになったと言いますが、ある時期から、心というのは鏡である、心から生まれるというのは、心に映ったものが言葉となって出て行くのだ、と論じる説が出てくる。たとえば中世の禅宗などの影響で、心は鏡であり、鏡が澄んでいればいるほど、いろんなものが映る。濁っていれば映らない。普通我々は、雑念があるのは悪いことで、心のなかには何もなくて透き通っているのがいいと思っている。でも、心が鏡であり明鏡であれば、本当はいろんなものが映るはずだ。つまり雑念があればあるほど、悟ることだ、という。そんなことが、仮名法語などの仏教書に書かれるようになります。

　雑念がたくさん湧いてくる、それこそが悟りである、という逆転。たとえば、中世のある仏教教理を学び、『古今集』の序に理解を重ねれば、『古今集』が説くように心を磨いて和歌を詠み、その過程でさらに心という自分の鏡を光らせ、そしてそれを磨き光らせるほど、そこには様々な外界が移り、その境地を描くことができて、自在な散文が生まれる。きわめて単純化して言うと、これが、私の考える、『徒然草』の「心にうつりゆくよしなしごとを」「書く」という散文の論理と営為です。この「うつりゆく」を今は通常「移りゆく」としますが、本来「うつる」は多義的で、「移」という文字でも「映る」や「写る」の意を表現します。ウツルことは、現象の移動なのだ、とも考え

る。心という鏡にいろんなものがうつっていくのを、自分はちゃんと見つめてそれを書く。それが散文だ、と。そして私は、日本に於ける散文の一つの成立を、そのような世界と理論を構築して自覚し、宣言して書き出した『徒然草』にあるのではないかと考えます。かつて『徒然草への途──中世びとの心とことば』（勉誠出版、2016年）で書いたことですが。

兵藤　『古今和歌集』の有名な仮名序の冒頭文「やまと歌は人の心を種として云々」と、それに続く和歌六種説は、いうまでもなく『詩経』大序（毛詩大序）の「詩は志の之く所なり」や六義説をふまえたものです。それらが中世の古今学、とくに仮名序の膨大な注釈に受けつがれて、さまざまに曲解されたりして中世日本紀などと呼ばれる説も出てきます。近世の本居宣長によって全否定された中世の古今学ですが、それはともかく、古今仮名序を書いた紀貫之、署名がないので天皇のミコトモチ（折口語彙）として書いたものですが、それを書いた貫之のお手柄は、やまと歌の実態に全くそぐわない中国詩論を流用したことよりも、仮名序の文体を、のちの和文の規範として提示したことです。

　いわゆる散文（prose）ではない仮名序の文体は、和歌のレトリックの掛詞や縁語を駆使して後世の和文に甚大な影響を与えました。たとえば、『源氏物語』の引き歌や歌枕をふまえた物語文や、『平家物語』のとくに道行き文などに多用される掛詞・縁語・歌枕を駆使した文体は、謡曲や宴曲の文体をへて、仮名草子や西鶴の浮世草子、江戸の草双紙や読本・人情本等の文体へ引き継がれます。坪内逍遙の『小説神髄』の文体論では「音韻転換の法」と称して馬琴の読本から道行きの例文をあげて説明しています。そうした散文（prose）とは言いがたい和文や雅俗折衷文のレトリックは、二葉亭の『浮雲』第一編にも使われますし、樋口一葉はいうまでもありません。そうした和文のレトリックの源流ともいえる文体を作りだしたことが、古今仮名序の、中国詩論の受け売りによって中世の歌学者たちを混乱させたこと以上に重要な貫之のお手柄でしょう。

荒木　貫之が書いた『土佐日記』の冒頭も、新たに読み返すと、なかなかに興味深い工夫が見られます。これも考え中のテーマです。

兵藤　「女もしてみむとてする」と言いながら、貫之の『土佐日記』は『源氏物語』などに比べると遙かに明晰な男の文章、いわゆる散文（prose）的な文章です。これも新たな文体を創ろうとした貫之の試みだったのでしょうが、背景には男性官人貫之の散文的というか漢文を駆使する官人・官僚的な思考があるわけです。

　明治期に成立する言文一致の散文体も、明治初年に西周『致知啓蒙』が紹介した論理学の「命題」（proposition の訳）、「イはロなり」（西が翻訳した「S is 」）という命題形式のセンテンス観念が、学校教科書に採用されて普及したことは、言文一致体の成立を考えるうえできわめて重要であるとは、以前本誌に書きました（「言文一致体の起源──「主体」の観念、「近代的自我」の始まり」『季刊 iichiko』2021年秋号）。

それと同じようなことが平安前期の貫之の『土佐日記』、その「散文」的和文で起こったわけです。でも、S is P ないしは S・V・O といったセンテンスの輪郭もあいまいで、およそ散文 (prose) とは言いがたい『源氏物語』の和文や、『平家』等の和漢混淆・雅俗折衷のねじれ文の基盤に漢文があったとはいえないでしょう。和歌の基盤が漢詩だったという議論も、かつて折口信夫があれこれ考えたように、この列島の社会の「詩の発生」の問題、つまり和歌（やまと歌）の「心」と「ことば」の関係を、日本語における「詩の発生」の問題に遡って考える必要があるでしょう。

鈴木 『毛詩』〔大序〕の「志」は、もともと「心」の意味です。あとに「情」が続いて、手足が動くでしょう。宣長も最初の「石上私淑言」から引いていますよね。生きとし生けるもの、みなうたをうたう。ただし、曲がない、というのが、漢詩の根本精神です。先の「志」と「詩」は類似音を重ねてあるといわれています。漢詩文にも、類似音の洒落みたいなことはよくありますね、対句も駢儷体のリズムもある。それが唐代に声調重視から、平仄になってゆく。

日本の院政期には『俊頼髄脳』が先ず心を立て、次に調子、最後に珍しきことばと三段構えで歌論を説いた。それが俊頼の『古今和歌集』に帰るということですが、もう一つ機知の復活の企てもある。これが連歌の発生につながる。『俊頼髄脳』には、漢詩の説話も、歌物語の説話も引いていて、『今昔物語集』はそこからも採っている。

生きとし生けるものが、日本の中世の『閑吟集』の真名序になると、雨だれも、枯れ葉も「ものみなうたをうたう」になる。それが刹那の即興性と結びあう。

兵藤さんは、漢文的思考なるもの、明晰さと情とを対立させているように聞こえるのですが。漢詩は散文ではないです。漢文は、そういう言い方をすれば、S・V・O 構文ですが、いつでも逆立しますし、寓（コトヨセ）もします。それはレトリックの話です。駢儷体はすなわち漢詩とはいえませんが、リズムもある。『太平記』には典故を示すのに、駢儷体の漢文がそのまま引かれてますよね。何か所も。

言語学者には、語彙の貸借関係はあたりまえです。一時、クレオールとか流行ったけれど、そんなことなら、英語は半分以上、フランス語から借りてますよ。ノルマン・コンキストがあったし。そういう語彙の貸借とはちがうことが東アジアでは起こってきた。

大きくいえばラテン語言語圏では近代に世俗語革命が起こったが、漢文文化圏では、それぞれの地域で異なる文体様式が進行したのです。そこでわたしは構文、修辞、語彙の各水準で、文体様式 (written modes) の変容をみてゆくことを提案しています。朝鮮では、15世紀にハングルがはじまり、公用文の漢文と二重言語状態になるが、日本では、上古から二重言語状態です。中古には、漢文書き下し体と和文体の二種の日本語文体様式ができ、院政期には和漢混交文がはじまり、近世には浄瑠璃や狂言など芸能で民衆の口語文もはじまった。近世には四種類もの自国語の文体様式を走らせている。それが日本の文芸の際立った特徴です。むろん、中国では宋代から講談など芸能で10世紀から共通語ができていたのですが。中国の白話の流入は、江戸時代にはっきりします。そのような日本における言語環境とそれに対する意識の変化を

とらえないで、日本の文芸は論じられない。
　荒木さんの先ほどの「鏡」ですが、「大鏡」の「鏡」と同じでしょう?

荒木　同じですが、歴史の鏡の方は、心にうつすわけではないですね。鏡にうつすように、歴史を正しく書く、という。もともとは「大円鏡智」などと言うように、広く仏教に通じるものですが、それを個人の心の鏡にフォーカスして、散文を書く論理を構築する流れにおいて、たとえば唯識思想や、中国の禅のようなもの影響が大きいんじゃないかと思っています。
　鏡自体の歴史もあって、日本の「和鏡」というものの研究も進んでいるようです。本来は圧倒的に中国文化ですが、日本でも、使える鏡は中世になると出てきて、鏡に対するイメージも古代と違っていくようなのです。
　ちなみに『吾妻鏡』の「鏡」も同じですね。中国では『資治通鑑』など「鑑」という字を当てますが、歴史書として同様の用法ですよね。

鈴木　そう、歴史を写す、ということがある。奈良時代から韓愈の実直簡潔な古文復帰が受容され、『続日本紀』以下の六国史が編まれた。これが、禅の明鏡止水＝心に世界のすべてを映すと、中世で関係してくるのかな。だが、『大鏡』以下の「四鏡」は、事実関係の虚構化と、対話や批評の挟まる物語化が盛んになる。その絡みが、面白いかもしれない。ただし、「歴史」の語は江戸時代に入って『歴史大方網鑑補』あたりから使いはじめました。断代史でなく、通史の意味です。すると、増穂残口が「歴史」といいはじめる。これは神道で歴代天皇の史になりますね。

兵藤　古今仮名序の「やまと歌はひとの心をたねとして」は、いうまでもなく『詩経』大序（毛詩大序）の「詩は志の之く云々」の借用です。まず心の種があって言葉が生じるというのは、現代の私たちにわかりやすい詩論でしょう。
　ですが、「やまと歌」の場合、「ひとの心」は「ことの葉」によって作られる。それが漢詩ではない和歌を理解するキモではないか。こうした日本語における詩語の発生の問題を考えたのが、折口信夫でしょう。折口語彙でいうと、コトワザ（諺）の問題、より一般的な語でいえばフルコトやマクラコトバの問題ですが、古今仮名序の「さざれ石にたとへ」「筑波山にかけて」「富士の煙によそへ」「松虫の音に云々」等は、どれも伝承された古歌・古語を本縁とするフルコトです。眼前の景物か否かは二次的な問題です。伝承された「ことの葉」を介して「人の心」はかたちを与えられる。
　折口の一見難解な文学発生論は、要するにこのことをくり返し述べているわけで、それはアララギの幹部同人だった折口が、島木赤彦や斎藤茂吉らと決別した背景にあった問題であると、このへんのことは、最近書いた「詩の発生・再考」（『日本文学』2023年5月）や、それに引用しておいた1984年に書いた論稿以来、私はくり返し述べているのですが、前田雅之さんの近著『古典学』（文学通信）等いくつかの例外はありますが、折口の文学発生論と同様、ほぼ和歌の研究者には理解されないというか相手にされません。

にもかかわらず、中国詩論を流用した古今仮名序の「心」と「ことば」の問題は、中世の古今学で膨大な注釈的な蓄積があると思いますが、真名序はどうですか？

荒木 12世紀の藤原親重（阿闍梨勝命）による、陽明文庫本『古今和歌集序注』（『論集古今和歌集』笠間書院、1981年）が知られていますね。同時代の顕昭『古今歌集序注』も、真字序を引きながら対訳的に書いています。兵藤さんがおっしゃった「屈折した文章」というのは、日本語は中国語と違って韻や四声がない。だから、言葉の複雑さを出すためには、同音異義語の多い日本語の環境を逆応用して、掛詞のようなものを駆使したり、技巧的になるしかないような面もあるように思います。

鈴木 真名序は『本朝文粋』に採録され、院政期に重視されました。勝命入道は俊恵法師の歌林苑で鴨長明にいろいろ教えてくれた人で、天台真言の阿闍梨です。顕昭のは、受け売りが多いように感じます。その風を受けて定家も俄然、真名序重視です。
　貫之の「仮名序」については、和歌の六体の説明がなっていないので、古注では、批判も多かった。詩の六義は、詩の形式と方法というか、私は場面性と何を面白がるかに三義ずつ分けていると考えています。それを横並びに六通りととらえるから、貫之のは分類になっていないのです。
　真名序は、仁徳が皇位についたとき、王仁が祝ったうたとされる「難波津」と、聖徳太子が片岡山の乞食が聖人であることを見破っていた出来事にまつわるうたとを並べている。それに対して、仮名序は、橘諸兄が葛城王だったとき、陸奥・郡山に巡察に出て、接待がなっていないと機嫌を損ねていたのを、もと采女から和歌を詠みかけられ、機嫌を直したという「安積山の歌」を並べて、「歌の父母」、手習いの最初に習ううたと述べています。かなりいい加減な伝承という印象が強かったのです。ところが、2008年かに、甲賀市の紫香楽、聖武のいわゆる彷徨五年で建てた宮殿跡から、その2首を記した木簡がそろって出たそうです。そうすると、貫之のは、まったく根拠のない説ではなかったことになる。もと采女から詠みかけられた和歌は『万葉集』の編纂時に諸兄が自らした話を拾ったにちがいないのですが、どうして貫之がそんな伝承を知っていたのか、それが不思議なくらいです。いや、片岡山の乞食のうたをはずして、もと采女の歌を「和歌の母」にあげるところが貫之らしいか、と考え直してみていますが。仮名序はやはり、真名序に対する批判ぶくみで、貫之が後から書いたものと想います。そのあたり、かつての山田孝雄説でよいかなと。
　折口の言っていることは、歌から歌が生まれることを言っているとわたしはずっと思っていて、それはそのとおりですが、それは普遍的なことですね、日本のフルコトに限らない。日本のフルコトは、プリミティヴな発生のしくみがよくわかる歌謡が大量に保存されているところに特徴がある。それは『毛詩』の歌謡の方が洗練されているかもしれないと憶えるほどです。斎藤茂吉らを田舎者、野蛮人呼ばわりし、北原白秋もだめだといった折口は、生命の概念化を嫌っていたのです。自分はそこはかとなくただよう生の息吹をうたったのです。晩年には彼等を穏やかにくるみますが。これは『死者の書の謎』に書きました。

荒木さんのいうのは、見立て、縁語、コトヨセなどに頼るようになるというのなら、よくわかります。漢詩は心が複雑になると音数を七言まで増やし、そののち、声調を整える方に向かって、平仄にうるさくなったわけです、唐中晩期に。どうも、この「律賦」を『文選』の「古賦」に対して「新賦」といっていたらしいのです。『枕草子』に、文選、新賦、とあるのは、それをいうのだという説が出ています。『和漢朗詠集』には「律賦」が多くて、「古賦」は二首しかない。ところが、藤原基俊撰『新撰朗詠集』（12世紀前期）には漢詩540句中、中国人の詩は減少しているが、『文選』の「古賦」が15首採られているという（陸穎瑤『平安朝における中晩唐詩譜の舶来と享受』（京都大学・博士論文・2023）〔第四章〕を参照）。

日本における『文選』詩の受容は聖徳太子一行の伊予の温泉の石碑に残した文章に張衡（平子）の詩を踏まえたものが知られ、あとは『万葉集』のうたにも敷かれているが、平安時代には宇多天皇のもとで漢詩文に卓越した才能を示した菅原道真を抜きにして、紀貫之ら文化官僚が活躍することはなかったでしょう。また宇多天皇の命で白居易の詩を和歌に翻案して『句題和歌集』を編んだ大江千里を抜きにして、どうして日本の和歌の発展が考えられますか。「月見ればちぢに物こそ悲しけれ、わが身一つのあきにはあらねど」（『古今和歌集』一九三）は、『白氏文集』〔巻一五〕「燕子楼」から、徐州の長官の邸内、燕子樓という小楼に独り身を寄せている、一人の女性の身になって寂しさを詠った詩の一節「燕子樓中霜月夜　秋來只爲一人長」（燕子樓中の霜月の夜よ、秋は只、わたし一人の為に長し）を題にとって、翻案した和歌です。もとの詩のこころは、長官のかつての愛妾の身になって、孤愁に耐える悲しさをうたうものですが、それを、わたしだけのために秋がやってきたのではないはずなのに、と言い換えている。これがことばの不思議なはたらきで、このわたしの身の悲しさを想ってごらんなさい、みなの身にも秋の悲しみがせまるでしょう、という含意も生じているかのようです。

大江千里はまた『白氏文集』〔巻一四〕「嘉陵夜有懐」〔其二〕より「不明不暗　朧々月」を「照りもせず曇りもはてぬ春の夜の　朧月夜にしくものぞなき」と翻案。このうたは類歌も多く、『新古今』（五五）にも採られている。が、その前に『源氏物語』〔花宴〕にも引かれ、どんな恋がはじまるかは、いわずともよいでしょう。

わたしは漢文に重きを置いているつもりはないです。古代を通して漢文が公用文として用いられていた。文言の語彙、仏典の用語も次第に庶民の日常生活にまで滲みこんでゆく。「今日は」「左様なら」も、もと文言です。日本人は、それらがなければ挨拶もできない。その言語の重層性を無視して、漢文と日本語文とを対立的に考えるようになったのは明治期に西洋近代の「自国語」の思想を受容してからのことです。最初は榊原芳野の『文藝類纂』（文部省、明治7年）。八巻立て、「文字」「文章」「学問」について上下二巻ずつ、巻七巻を「紙」、巻八巻を「文具」とし、日本の古代から近代以前の学芸史を、その制度や道具とともに整理している。初期文部省のお雇い外国人、アメリカ人のダヴィド・モルレーらの要請もあったと想われますが、文部大書記官の西村茂樹は、これをもって『古事類苑』の計画を立ち上げたと推測される。芸能などは、のちの人々が大幅におぎなっていったのです。

だが、それ以前に宣長がいる。宣長も西洋の暦、中国の暦、日本の暦を比べて、日本の暦が最も優れているといったように、三元的に考えていた。イエズス会宣教師たちは、話し言葉ナショナリズムも残しました。天地が分かれて世界ができた開闢思想は中国のもので、日本はちがうとか、濁音が入ってきたのは外国からとか、いわゆる国粋主義ですが、そんな意見は朱子学合理主義者たちからさんざん叩かれた。

明治前期の国学者たちはそんなに馬鹿なことはいわない。が、漢文と日本文をまず根本的に対立する言語と考えて、そのあいだの関係を考えてゆく。このスキームを榊原芳野の『文藝類纂』で確認できます。わたしのいったのは二言語間の重層性です。

で、和歌の技法に戻りますが、縁語や掛詞は、小野小町のころから盛んになります。が、いわゆる歌物語には、縁語は用いられない。『伊勢』も『大和』も『平中』にもない。地の文に掛詞や縁語を響かせるのは、なんといっても『竹取』です。『竹取』を物語の出で来たりの祖、といった『源氏物語』とも、それはかかわりそうですね。

兵藤 縁語というのは、掛詞がまずあって生まれたレトリックです。掛詞や歌ことばの発生については、『古今集』で時期的にもっとも古い、詠み人知らず歌の序詞歌や、『万葉集』の「寄物」「寄物陳思」歌をもとに、鈴木日出男さんが『古代和歌史論』で論じています。鈴木さんの持論として知られる「物と心」の「対応構造」です。

万葉の寄物陳思や古今の序詞は、古今仮名序の「六種（むくさ）」の説でいう「たとへ歌」です。日本漢文学の研究者や中国文学者（たとえば赤塚忠）は、寄物陳思や序詞を、『詩経』大序や六朝時代の『詩品』が詩の第一義とする隠喩的レトリックの「興（きょう）」の影響と考えたりしています。しかし隠喩は、ロマン・ヤコブソンの『詩学』が述べるように詩的言語の根幹にある普遍的な問題です。それが中国詩論では「興」といわれ、古今仮名序が中国詩論の影響で六種説の「たとへ歌」としたのも、じつは折口信夫が、コトワザ（フルコト）を用いた呪的な言い立て、原枕詞（物）に寄せた言い立てをヨムと言ったのだとして、やまと歌における詩的言語（隠喩）の発生について論じています（詳しくは前掲拙論「詩の発生・再考」）。

つまり万葉の寄物歌も古今の序詞歌も、そこから発生する掛詞や歌ことばの問題は、簡単に中国詩論の影響問題などには還元できない。つまり折口が考えたように、この列島の社会の詩的言語の発生をめぐる問題だということです。その延長上で、散文ならざる和文や和漢混交文の、掛詞や縁語を駆使した雅俗折衷のレトリックも生まれるわけで、『源氏物語』の引き歌なども日本語文のレトリックとして捉えるべきでしょう。

鈴木 寄物陳志については、コトヨセといってきました。漢語なら「寓」。『源氏物語』で、別れの秋は「つゆけき秋なり」です。露と涙はふつう縁語とはいわないのですが。御息所が亡くなって桐壺帝が悲しみに暮れていると周りの人も「つゆけし」となる。夕顔を弔ったあと、光源氏が朝霧のなかをぼんやり歩くとあたり一面が「つゆけし」。六条御息所との別れも「つゆけき」と出てきます。みな地の文。とくに西欧語への翻訳者は誰だって気がつく。それで、そういうところを自然と感情を重ねる表現で、とても

翻訳できないなどという。現代日本語にも翻訳できませんよね。詩のようにメタファーとして訳に注をつけるしかない。折口信夫が『源氏物語』は韻文といったのは、それらのことを指してではないでしょうか。

　兵藤さんとは重なりそうでいて、大きくスレ違うところかある。そこがおもしろいのですが。ヤコブソンのことなら、私は西洋近代の構造主義・記号論の芸術論を普遍理論にしようとしていると批判してきました。東洋はそうはならないのですよ、と。言語文化の基盤がちがう。特殊性を包まない普遍理論なんかありえない。日本の第２次大戦後の近代化主義は、そこに落とし穴があったのです。逆に裏返しの日本特殊性論にも傾いた。

　『源氏物語』の桐壺の御息所の逝去ののちの「つゆけし」については『河海抄』から『後撰和歌集』の「ひとはいさ事ぞともなきながめにぞ　われはつゆけき秋もしらるる」が引き歌みたいなことが言われてきたと思いますが、この歌の意（こころ）を承けていないですね。江戸末期の国学者、萩原弘道が注して、それを指摘し、でも、「目出度き筆の運び」としています。『源氏物語』には、この手の「目出度き筆の運び」が多いと思うのですね。あいまいにおぼめかして響かせる筆の運びをどのように評価するか、難しいところもある。

　そのへん、三谷邦明さんが「引用の織物」論をもってきたりしていたこととかかわりますが、引用の織物論は「作家の死」論とセットになっていた。『源氏物語』については、語り手と書き手の区別を清水好子さんが指摘したままになっている。でも、これは、あとにして、荒木さんの基調報告を最後まで聞きましょう。

荒木　最後のケーススタディは、「ソリッドな〈無常〉／フラジャイルな〈無常〉─古典の変相と未来観」という共同研究を４年間行い、『〈無常〉の変相と未来観──その視界と国際比較』という論集（思文閣出版、2025年）をまとめた書物に誌した「無常」についての文章です。鼎談の資料として引用したのは、研究会発足時の企画書と、それを承けて、総論として書きかけの序論です。完成版は、上記の論集を御覧下さい。要点を述べると、この「ソリッドな〈無常〉／フラジャイルな〈無常〉」という着想は、『古典の未来学』（文学通信、2020年）として結実した前回の共同研究を受けて、いささかシンプルに、無常は未来観である、と着想したのがひとつのきっかけです。そして、グローバルに考えると、柔らかい無常と固い無常があるんじゃないか、と。つまり『方丈記』にある、一日で都が燃えて消えてしまうというような都城観と、何千年も前のローマの都の建築の基礎が残っているイタリアとでは、無常の捉え方がまったく違うのではないか。ということで、イタリアの人にも参加してもらっています。今思うと、ポンペイの滅亡と発見のことなども考えたかったところですが、これからの課題としたいと思います。その他イスラエル、イラン、カザフスタン、中国、韓国他、多くの海外研究者などにも入ってもらって、そしてまた、さまざまな研究分野からの見解がそろう、無常についての論集となりました。日本文化論として、関連する廃墟の問題や「無」の措定など、考えてみたい問題が増えており、引き続き考察を続けています。

　たとえば、朝日新聞で柄谷行人が、回想記を書いているというかしゃべっていま

す。私が興味を惹かれたのは、著書『隠喩としての建築』を書いたときの由来が誌された時の文章です。私なりに敷衍すると、ヨーロッパにおいては、建築があるから、リコンストラクションがある。そしてディコンストラクション-脱構築は、ソリッドな、固い建物があるからそれを壊す行いがある、という。それに対して、柄谷曰く、「日本の思想においては、"建築、コンストラクションへの意志"が希薄だからです。だから、日本は、もともと脱構築的であるようにみえる」（2024年7月17日の記事）と。だから逆に、建築というのを比喩として立てることで、日本なりの哲学を立てたいという。これは無常論として参照すべき議論だなと思いました。

　河合隼雄さんが『昔話と日本人の心』（岩波書店、1982年）という本の中で、「見るなの座敷」他を取り上げ、ヨーロッパの昔話というのは、例えば化け物が出たときでも、必ずその後の存在性に変化が起きて終わるが、日本の昔話では、目の前にただ元の風景があって、風が吹いていました、というように終わると指摘します。そしてそのことを「一転して、何も起こらなかった、ということを積極的に評価してみてはどうであろうか。何も起こらなかったとは、つまり、英語の表現 Nothing has happened をそのまま借りて、「無」が生じたのだと言いかえられないだろうか」と言っています。私なりに言い換えると、つまり、日本の昔話では、原風景が現れる、というのです。このように、哲学、昔話、『方丈記』、そうしたものをいくつか重ねていくと、新たにもう一度、無常論を立て直せるんじゃないか。再び単純な思いつきですが、いわゆる「無のありか」について、引き続き、真摯に考えていきたいと思っています。

　また、たまたま「無常」共同研究の企画を考え始めたころ、山崎正和さんが亡くなって、サントリーの『アステイオン』が彼の特集を組みました（『別冊アステイオン それぞれの山崎正和』2020年）。そこに河出書房新社の元編集者・藤田三男さんの「無常について」という文章が載っています。それによると、山崎さんの最初の著書『劇的なる精神』（1966年）を作ったときの1本目の巻頭論文が「無常について」だったそうです。編集者は、このご時世に無常とは？　とびっくりしながら読んでみたら、意外にもその論文がすごく面白くて、最終的には「無常と行動」というタイトルになって掲載された、というのです。

　実際に山崎さんのその論文を読んでみると、書かれていたのは実存哲学で、「投企」をめぐる問題でした。ハイデガーやサルトルいうところの、未来に向かって投げ出されていくもの。それらを「無常」で捉えていた。今の存在を未来に向かって投げて、その時間に自分の存在を問う、未来観。そして現在とは？　という問題。私の『古典の未来学』がまさにその「投企」-project をテーマにしていたので、その符合にびっくりして、ひそかに感嘆しました。

　ただ、山崎さんはそこで『平家物語』を持ってきて、「『平家物語』の時代が無常の世界であった」と無常の定番に帰着する。私は卒読して、この論述には勝手にがっかりしてしまった。それなら、ハイデガーはいらないだろう、と。しかし、慌て者の私がここでがっかりしたことが、私自身の「無常論集」の「序論」を書くモチベーションになりました。その後、山崎論についても再読し、その意味するところも、それなりに理解出来たように思います。こちらも先に触れた、完成版の論集「序論」を読んでい

ただければ、と思います。

兵藤 「おごれる」「たけき者」の必滅をいう『平家物語』の冒頭は、王法を破壊する者の悪因悪果を説いていますから、院政期国家のイデオロギーと不可分に読みとく必要がある（本誌2024年夏・秋号）。単なる無常観ではないわけです。でも、そんな作者たち（成立圏）の作為を超えたところに文体の真価を見ようとしているわけで、小林秀雄の「無常といふ事」の平家論はやっぱりいいな思います。

鈴木 その前に、無常って、恒常に対する概念ですよね。荒木さんの二種類の「無常」に、もう一項、恒常性を入れると面白くなるのではいかと思っています。
　『方丈記』の巻頭は陸機の詩を踏まえています。かなり前から言われてきたことだけれど、あれは、最後、余生は「天地の大徳」を楽しみたいと終わる。それが『方丈記』の後半に映っているという意見も出されてきました。それなのに、仏教の教えが、それを許してくれない。だから、まあ、称名念仏を二・三べん唱えて、攻めを防いでおきましょうか、くらいで終わる、と。

荒木 なるほど。「一期の楽しみは、うたたねの枕の上にきはまれり……」などと付記する兼良本など流布本系だと、そういうふうに読めなくはないですね。『方丈記』の末尾の読解は私にとっても依然、永遠のテーマです。ちなみに『方丈記を読む』では「偽悪」論を重ねてみました。

鈴木 無常といえば、人生のそれを考えてしまうように近代人はしこまれてきたけれど、大伴家持の「無常」は、人生を超えた天地の無常みたいだとわたしはずっと感じてきた。そしたら、佐竹昭広さんが天地の無常をうたう釈迦の偈が正倉院に入っていたと指摘していた。わたしはそれで納得がいったのですが。でも、天地の無常は。仏教だけじゃないよ、と切り返した。陶淵明のムクゲの樹の詩も根っこをうたっている。中国思想の無常にも、対蹠的に恒常性が据えてあった。それは日本の知識人も読んで知っていたのです。道家思想的な恒常性と無常性も。そのあたりは『日本人の自然観』で書きました。

荒木 その辺のゆらぎが面白いところで、先に触れた研究会の当初は、日本的な無常を、『方丈記』が譬えに出すアサガオの儚さ、一日で、ぱっと咲いて、夕べには消えてしまう、まさにフラジャイルな状況の特異性に見ていたのですが、議論を重ねていくと、もう少し考えるべきことがあるようにも思います。先の河合さんの描く「無」の問題と、欧米や、中国での徹底的な破壊の国家史・王朝史のことなどとの比較など。
　同時に、近時亡くなられた真木悠介さん（見田宗介、2022年没）の『時間の比較社会学』（岩波書店、1981年）などの往年の時間論も大事だと思っています。『方丈記』においても、恒常的なるものは動く時間なのです。『方丈記』は、書き始めから時間が流れ、この本を書き終わったところで終わり、存在の未来へと続く、時間の現在性がある。

鈴木　『荘子』はいつも変化しているものが恒常性になっている。

荒木　それはよく分かります。時間で面白いのは、『方丈記』は書いている今も時間が経っているというふうに書かれていて、それを識語的な文章で締め（執筆場所と年次、署名と書名を書く）、書き終えたところで現在が区切られるのですが、『徒然草』はそこが変わっていて、書いている時間と書いていく未来が冒頭にあり、最後は彼が一番若かった時、で終わる。8歳ですね。本の時間と逆転させていて、さらに作品の中にはいろんな時間が入っています。『方丈記』はそのようにはしていません。その対照にも、「随筆」をめぐる、大事な問題が潜んでいます。

兵藤　兼好も長明も歌よみとして有名でしたが、彼らの『徒然草』や『方丈記』はひらがな本ですか？

荒木　鴨長明の『方丈記』は、長明自筆という伝承の最古写本、大福光寺本が残っていて、今日の『方丈記』のほぼすべての底本になっていますが、大福光寺本はカタカナに漢字が混じる書きぶりです。一方、兼好の『徒然草』は基本的にはひらがなです。もっとも、最初の注釈書である『徒然草寿命院抄』は、慶長9年の古活字本では最初だけひらがなで本文を掲げますが、途中からカタカナになり、以後刊行された無刊記本では、カタカナに統一される、という形態ですが（高木浩明『中院通勝真筆本『つれづれ私抄』―本文と校異』新典社、2012年参照）。

兵藤　ひらがな書きかカタカナ書きかは重要な問題と思われます。漢文訓読のテニヲハは今もカタカナですが、ひらがなとは違って真名の補助のように使われた。『平家物語』でも、やや学問的で歴史書風の源平盛衰記はカタカナ交じりです。抄物などの学問の世界もカタカナですが、『愚管抄』は「ムゲニタダゴトナルヤウナルコトバ」で書くと断りながら、歴史の道理を説くからカタカナですね。『愚管抄』にひらがな本はあるのですか？

荒木　『愚管抄』について、最近は文献学も進んで、あるいは本来、ひらがなであったのでは、という可能性も示唆されています。日本古典文学大系など、いま流布しているテキストがカタカナなので、『愚管抄』の書き方と一体化しているように見えるけれども、ひらがなの伝本もあり、まだ検討の余地があるのでは、と指摘する研究者もいます。今日、再活性している伝本研究の進展に期待するところです。私はカタカナだ、と思って読んできましたが。

鈴木　『愚管抄』は、何といっても、兼実の実弟で、天台座主を何度も勤めた人の著書。後鳥羽方の権門の有職故実に立つ人です。立場が決まっている。漢文書き下し、カタカナが常識でしょう。ただ『早率露胆百首』なんていう和歌では実験的なことも

やった人です。せいぜい、倶舎論くらいは齧った寺の小僧の身になって歌を速射砲的に詠んでいった。無理やり変なうたを作ろうとしているところも感じられる。「露胆」は漢詩では赤裸々な心を示すという意味で行われていたことですが。あれを指して「達磨うた」と比叡山か、興福寺あたりの連中がいったのではないか、と想います。定家も真似したが、定家の方がうたになっている。定家は都のひとたちみんなに悪口をいわれたと書いているが、都の人たちは禅問答なんか聞いたことなかったはずですよね。栄西が都に運んだのですから。定家は若すぎて、まだそんなに非難されるほど知られていなかったはずです。ちょっと勇み足でしょう。

兵藤 岩波文庫の『太平記』で、底本に使った龍安寺西源院本はカタカナ交じりで、綸旨や諜状などの文書類はもちろん漢文です。文庫の校訂方針として読みやすさが優先されるので、漢文訓読も含めてひらがな交じりに改めました。室町時代に遡る古写本の多くはカタカナ交じりですが、たまにひらがな交じり本もあります。『太平記』より古い『平家物語』は、14世紀初頭に書写された延慶本はカタカナ書きですが、琵琶法師の座（ギルド）の正本（証本）として作られた覚一本、こんにち一般に流布している『平家物語』はひらがな交じりですが、それを真名（漢文）書きに無理に改めたような本もあります（熱田真字本）。あえて真名書きにしたのは一種の権威付けもあったのでしょう。

　『平家物語』のひらがな本とカタカナ本では、覚一本と延慶本の違いに見られるように、あきらかに文体が異なります。あえて「散文（prose）」という語を使うなら、カタカナ書きが散文的といえるかもしれません。書体等の書誌的な問題は文体の問題と不可分なのですが、とりわけ『曾我物語』などでは、真名本と仮名本では、文体の背後にある世界も思想も別作品といってよいほど違っています。『平家物語』は一般に読まれる覚一本も含めてひらがな本が多いとはいっても、漢詩漢文的な語彙が多く使われる、まさに和漢混交の世界です。同じ和漢混交でも、『方丈記』は固い漢語的な言い回しはそんなに出て来ませんね。

荒木 かなり漢文を意識しながら書いているところがありますね。ですからカタカナのほうが書きやすいような。でも和歌も使っています。

鈴木 『方丈記』は漢語は多くない。けれど、調子は漢文的ですね。「知らず」とぶつけて、〜を、と受ける調子、受けてはいませんが。倒置も、口語的口調も使います。けれども、冒頭、玉敷の都と枕詞を用いていますが、だが、そんなに立派じゃないと受ける。人がどこから来て、どこへ行くのかわからない、などと相当とぼけたことをいう。母親の胎内に300日と『宝物集』にあり、歿後、中有に49日とどまるというのが常識だったときに、そういうことをいってのける。うそぶいているといってもいい。のちに長嘯子と名乗る人がでますが、『徒然草』の場合は、段章によって、漢文書き下し体と和文体と使いわけています。

兵藤　各段によって話の出所が全然違いますからね。伝承や伝聞的な章段では「けり」止めで、説話的というか、物語的な文体が使われる。

鈴木　章段のモチーフで決めていると思います。『徒然草』は最後、自伝的なことでまとめていますね。編集している。『枕草子』にはそれがない。同じく冊子体を意味する「草子」を用いても、そこがちがう。
　わたしは『方丈記』の後半は、徹底的に白居易の閑適の詩で解いたのですが、『徒然草』の冒頭、「あやしうこそものぐるほしけれ」は、白居易の琵琶に狂ったり、興に乗って禅の狂態に近づく境地に近いのではないか、と気づきました。ただ、白居易の場合は酒が手伝って陶然たる解脱に接近しますが。興に即してゆく態度は、清少納言にも、長明にも兼好にもある。が、編集の思想のあるなし、そのまとめ方がちがう。『方丈記』は「記」として書いたものと、これは市古貞次さんもはっきり述べています。あれは自身の心の記録として終わると、わたしはまとめなおしています。
　『徒然草』は『枕草子』を承けて冊子体の意味で「草」をつけている。もとは巻子に対するいわば造本上の語ですが、『枕草子』は構成していなかったでしょう。あとから、誰かが編集したものでしょう。能因なのかなぁ、定家かもしれない。

荒木　自他それぞれの編集というのも、面白い考え方かも知れませんね。『徒然草』については、まさしく編集の視点がないと理解出来ませんが、編集だけでも解けない。『平家物語』はどうでしょう。創作と編集については、どうなっていますか。

兵藤　それは大問題ですね。これまでその問題を考えながら『平家物語』についてあれこれ論じてきました。『徒然草』には「平家」の作者伝承が記されます。もちろん兼好法師の伝聞ですから「けり」止めで書かれます。「後鳥羽院の御時」に、天台座主の慈円が「信濃前司行長」という遁世者を召し抱えて、その「行長入道」が「平家物語を作」って生仏という「盲目」に語らせたとあります。この問題については、本誌2024年秋号に、以前から考えてきたことをコンパクトにまとめて書きました。
　「平家」が作られた時期は、『徒然草』に「後鳥羽院の御時」とありますが、後鳥羽は異母兄の安徳（第82代）が都落ちして廃帝となり、三種の神器なしで即位しました。安徳が壇ノ浦で没した3ヶ月後には京都を大地震が襲ったりして、後鳥羽には安徳の怨霊を怖れねばならない十分な根拠がありました。その後鳥羽の御持僧でもあった慈円のもとで『平家物語』は作られた。慈円が座主を務めた延暦寺は、平安京の鬼門（北東）に位置して、平安遷都の当初（延暦年間）から「鎮護国家の道場」を自任していました（『延暦寺護国縁起』）。『平家物語』は延暦寺の周辺、天台座主慈円の周辺で作られる十分な根拠があったわけです。
　『門葉記』によれば、慈円は、住房のあった青蓮院近くの三条白河に、保元の乱以後の「怨霊」の鎮魂のため大懺法院という寺を建立して後鳥羽院に献上します。『平家物語』が作られた場としてこの大懺法院に最初に注目したのは、折口信夫の薫陶を受けて「唱導文学」を研究した筑土鈴寛ですが、大懺法院には資縁を欠く遁世者とか「音曲

堪能の者」が集められたとあり(『門葉記』)、『徒然草』の伝える、慈円に扶持された「行長入道」が「平家物語を作りて云々」という条件がそろっています。筑土は仏教声楽の講式(語り物の類)が死者回向に転用された例をもとに『平家物語』の成立を考えていますが、現時点で最も有力な成立説かと思われます。ですが本誌2024年秋号では、柳田國男の「口承」論をふまえて筑土説への疑問も書いたりして、国文学界の通説になりかけている諸本論を批判したりしましたので、学会の人からは「ちゃぶ台返し」と褒められたり(?)しています。

鈴木 わたしは、建礼門院の嘆きで終わる覚一本『平家物語』と文字通り年代記的に盛衰を追う『源平盛衰記』はモチーフが逆になっていると思っています。先ほど兵藤さんの質問をはぐらかしてしまいましたが、小林秀雄は中世の日本人が戦争にどう対処したかということで『無常ということ』を書きました。そのまえの人たちは中世美学をわび・さびで言ってましたが、それを全部ひっくり返した。わざとやっているが、そのやり方が面白い。ただ『無常ということ』は私にはよくわからないところがある。

兵藤 それも「ちゃぶ台返し」ですね(笑)。小林秀雄は、「日本的」な美意識などのレベルでいわれる「無常観」を否定したわけですから。

鈴木 あの人は逆説なので、そうなのですが、そんなにうまくひっくりかえせていない。他とのつながり、たとえば「当麻」と、どうつながるのか。まあ、逆説ではじめて、あとは野となれ、でいったことは考えられる。とにかく「大東亜戦争」が始まった以上、協力しなきゃとなったのです。で、『太平記』にふれて、戦場には笑いが満ちていたとかいう。それにみんな惹かれて、若い人達が中世のことを考えていて、敗戦後には、堀田善衞さんなど、定家にしても長明にしても、反逆的な姿勢を読み、近代の価値観で評価して、相当おかしくなった(笑)。

——**(編集部:山本哲士)** 「無常」は英語ではなんといいますか

荒木 Impermanence です。Permanent ではない、という語構成。まさしく翻訳語ですね。

鈴木 恒常があっての無常なんです、私の考え方だとそれで合っているような気がします。ヨーロッパの人たちは、わりと中国語を読んで翻訳していますから、日本人の感覚と違う受け取り方をしているかもしれない。

荒木 インドのことなどについても、我々が苦労して読むよりは、よっぽどインド学の伝統のあるドイツ語圏や、英語圏のひとの方が情報が入っていると思います。
　先ほどの無常研究会に、イスラーム圏の人にも入ってもらおうということになり、実際にイランの研究者とカザフスタンの研究者が、イスラームの天地創造と神との関

わりについて興味深い対論を行って、論集にも反映することができました。少し前のコロナ禍末期に、エジプトとイランの研究者と国際交流基金の方を交えて会食したときに、イスラーム教と、祖国オリジナルの宗教とのズレについて、いろいろ面白い話を聞かせてくれました。イスラームの神に対する考え方をめぐる議論も示唆的でしたが、今度の論集にも、その一端を知る論考を載せることができました。

鈴木 ヨーロッパの場合は、ウパニシャッドのラテン語訳が18世紀後期かに出て、それでショーペンハウアーの解脱を目指す厭世哲学ができた。19世紀にはフランンスでも仏教思想もちらほら出はじめます。マラルメは、ブディストの友人に自分は仏教をよく知らないで自己否定に達したみたいなことを言っています。ニルヴァーナという言葉は知っていたのです。

エジプトの場合、カイロには祖先代々の大きな墓地がある。無関係の人が住み着いていたりしますが、イスラムが上に乗っている感じがあります。それはでも、上からはがしてゆけば、黒マリア信仰とか、下地にある土地の信仰は見えてくるのと同じでしょう。

トルコはまたちがう。でも、彼らは自分達がいちばん進んでいると思っていますよね。コーランは信仰の一番進んだ形なのですよ。彼らにとっては。

荒木 そうですね。それもわかります。一方、私が訪ねたブルガリアは、14世紀にオスマンが入ってきて、19世紀に戦争があり、20世紀初頭に独立しますが、国立歴史博物館に行くと、1300年代までがブルガリアで、次の部屋にいくと、たしか1800年代以降になっていて、驚いた記憶があります。つまり、イスラーム時代はブルガリアじゃない、と。でも、モスクなど、その時代のものが現代に残り、ソフィア市などに繋がっており、議論も簡単ではないと思いますが、歴史観の問題として、とても印象的な出来事でした。

兵藤 大学院生の頃、ブルガリア人の留学生がいて、ご存じかもしれません、ツベタナ・クリステヴァさん、彼女はブルガリア人としてオスマン時代をひどく嫌っているようでした。トルコ嫌いということでは、あのドストエフスキーでさえ、カラマーゾフのアリョーシャの口を借りて極端なトルコ人嫌いを表明します。

鈴木 オーソドックスはそれぞれの地方で相当違いますね。地方色の上に乗っかっているんですが、その歴史のちがいの具合がよくわからないところがあって。ロシア正教はやっぱり相当、神秘性が強い。ゾシマは活きている。日本では、前橋とか、どうだったのか気になります。荻原朔太郎のつきあっていた人たちです。

荒木 通じるところもあります。ブルガリアでいくつも見た正教会の教会では、アイコンを並べて飾るのが定番でした。お話しに出たツベタナ・クリステヴァさんは、ブルガリアのソフィア大学の出身で、現在は遠く離れておられますが、ソフィア大学の

研究者とは、今でも交流はあるようです。私は、彼女とのきちんとした出会いは遅く、2022年の立教大学の国際会議で初めて直接お会いしました。そしてゆっくりと話して、多くの刺激を受けました。ちなみに、同姓の思想家、ジュリア・クリステヴァも、ソフィア大学の出身です。

兵藤 アグレッシブな人でしたね。

鈴木 それくらいじゃなくては、海外で活躍できない。そうそう、ジャクリーヌ・ピジョーさんに感心するのは、まず背後にラテン語文化圏を背負っている。ラテン語のレトリックという硬い鎧を知っているわけです。近代にそこから外れたという目がある。もう一つシノワズリーもある。フランスは中国学の伝統がある。で、そのうえで、ジャパノロジーが入ったし、そのレトリックのちがいを考えていますよね。「物尽くし」論。「道行論」にとどまらないで、七五調の韻文から出て、というか、琵琶の調子から出て、『御伽草子』の物尽くしの方に、はるかに長いものがあるとかいうじゃないですか。「道行」なら『平家』より、『太平記』の方がはるかに長い。典故をちりばめるのは『源平盛衰記』の方がはるかに繁茂しますね、年代記的だから。その先には、『義経記』の判官贔屓の世界がひらけてくる。これはもう近世ですが、兵藤さん、それでいいですか？　ちがうなら、そういってください。考えなおしますから。

　わたしがもう一つ考えているのは、『曽我物語』の展開をどうするか。最初は、御霊親信仰らしいですよね。箱根権現の。それがやはり変体漢文になり、京都の公家の手で仮名本になって、やっぱり芸能化してゆく。

兵藤 『方丈記』の無常の問題にちょっと戻りますが、いわゆる無常観とは真逆のような『太平記』の婆娑羅はどうですか。バサラは梵語、サンスクリット語ですね。すべてを突き破る「金剛」の意味ですが、南北朝時代に盛んになる会所の寄合、一種の「無礼講」ですが、茶会とか連歌会とか、その会所の風流（現代語の風流とは違います）のしつらいとか、二条良基を後押しして連歌集の『菟玖波集』を准勅撰にしたりとか、世阿弥以下の大和猿楽や近江猿楽を後援して、今日の「日本」的文化の代表のよう言われる能楽や、茶会や連歌会、立花（華道）も南北朝時代に大流行します。安土桃山時代の茶道の隆盛の源流に佐々木道誉がいたことは、千利休も認めています（利休写『数寄道大意』）。

　そんな佐々木道誉の常軌を逸した風流を同時代人たちは「婆娑羅」と言ったのですが（『太平記』巻21）。たしかに「婆娑羅」は南北朝時代を考えるうえでのキーワードとして山口昌男などが取り上げました。しかし、です。この婆娑羅の風潮をそもそも創り出した後醍醐に関しては、網野善彦の『異形の王権』以来、いろんな誤解や、史料のさまざまな恣意的解釈が付きまといます。

　網野さんのいう「異形」、これは盲人や足なえなどの不具者をいう当時の「不適切」語なのですが、これを誹謗中傷の語として使ったのは、真言密教内部のセクト争いで後醍醐の御持僧文観を敵視していたグループ、足利尊氏に仕えた三宝院賢俊など、後

醍醐や文観が吉野へ逃れたあとに東寺や高野山、醍醐寺の実権を握ったグループです。そこで「異形」の密教僧文観のオカルト的イメージ、真言立川流の元祖だといったデマも流される。南朝の政治的敗北後の後世の誹謗中傷をほとんど無批判に採用して、網野さんは異形のセックスと王権の問題などを論じました。

しかし文観がじつは絵画にも秀でた卓抜な学僧だったことは、文観関連の史料を徹底的に博捜した内田啓一の『文観房弘真と美術』(2006年)が論証しています。網野さんの『異形の王権』によってオカルトの元祖のように位置づけられた妖僧・怪僧文観のイメージは、現在の歴史学界では完全に否定されているわけです。

しかし一般には網野説はわかりやすいのでしょう。網野さんや中沢さんが作りだしたオカルト的な密教観は、90年代のオウム事件とも無縁ではないのですが、そのへんの総括は歴史学会では行われているようですが、宗教学会と思想史学会、もちろん国文学会では行われていない。とくに思想史学会はあまりにひどくて私は退会しましたが、それらこれらへの異議申し立てのつもりで、後醍醐の密教ではなくて宋学への傾倒、その合理的思弁に力点を置いて岩波新書『後醍醐天皇』を書いたのですが。網野さんのわかりやすい「異形の王権」イメージと真逆のことを書いたせいか、どうも売れませんでした。

荒木 ただ、網野の仕事が無ければ今のような議論も提示されなかったと思います。

鈴木 『異形の王権』は大きかった。網野さんは面白い切り口を見つけるのがうまい。だけど、逆のことも多くて。日本列島の東西論もそうです。中世に関東の守護・地頭が関西に散りはじめる。武士の氏神が各地の神様と習合し、神社の神様がにぎやかになったというのが柳田国男の大きな見取り図です。柳田は氏神中心主義なので、なぜ、日本の神社には多くの神が祭られるのか、という問いを立てざるをえなかったのですね。『日本の祭』(1942)で国家神道とぶつかったのですが、のちには、折口の来訪神も組み込んでゆきます。

またたとえば網野さんは、お経を大声で読む、高声(こうしょう)すると、ほかの人の念仏を邪魔するからいけなかったところに着目して、大声・小声の問題を提起した。ところが、きっかけとなった説話は、念仏を高声して、山寺を追い出された女が、広い家に匿われて、高声で唱えつづけて、最期はお迎えが来た、という話なのです。来迎があって、紫の光が見え、後によい香りが残っていた。成仏した証拠として、それが書かれるわけです。『今昔物語集』では、高野山の僧が若いときに聞いた話としていたと思います。念仏聖をしていたとき出会った話を拾ったのではないかな。

あのころ、網野さんの話を何度か聞いたことがあったのですが、アジール論とか。最近、平凡社の「ことばの文化史」シリーズを読み直していて、中世の文化史の共同研究を仕掛けるために、面白い切り口を次から次へと提案していたのではないか、と考えるようになりました。共同研究って、概念をルーズに使った方が、人が集まりやすいし、議論にもなる。けれども、風呂敷を広げすぎると、あんまりな議論も誘発しやすくて、難しいですね、それにしても、中世の概念変容、ことばの含意の移りゆき

は、あまりに難しすぎます。とくに変体漢文では、意味が不明瞭になりますから。

　兵藤さんのいうバサラも、もとの意味は、帰命頂礼の帰命で、『方丈記』の数寄の行きついた先と言えるでしょう。『方丈記』の数寄に反逆を見たのは、戦時期の蓮田善明でした。戦後の唐木順三はディレッタントと見た。どちらもあたっているところもあるが、意味が過剰になったり、足らなかったりする。

　道誉は義満・良基コンビに従っていたわけで、その間は公家趣味の範囲は破らなかった。「序・破・急」の破は、蹴鞠では近くの樹上に毬を蹴上げて変化をもたせることですが、「序・破・急」をしきりに用いた世阿弥も、大和猿楽の鬼や狂女をリアルに演じたら、義満の趣味の外にでてしまうことは、よく承知していました。それが彼の「幽玄」論に如実に出ています。これは能勢朝次さんの本がとても役に立ちました。

　兵藤さんの後醍醐の「無礼講」にはおそわるところが多かったのですが、その「幽玄」の規範性は、礼儀秩序を無視する「無礼講」とは、一緒にならないのではないかな。「下克上」は、あくまで風刺の対象でしょう。『太平記』では。

兵藤　網野さん人気は今も根強いのですね。網野さんが「異形云々」の一例としてあげた「無礼講」については、『花園院宸記』に記されるように、宋学の問題を考えないといけない。網野さんの本は、オカルト僧と結託した後醍醐の「異形」性を強調するばかりで（その認識自体が誤りであるのは歴史学界では既に常識です）、宋学の問題をまったく考慮していない。君臣上下の「礼」を無化する無礼講は、花園院が記しているように宋学の影響があったわけで、私の新書『後醍醐天皇』では、彼が意図した政治形態と宋学との関係を論じたわけです。

　中国唐末の内乱で門閥貴族層が没落して、士大夫層が政治の担い手となる。士大夫が担った官僚国家のイデオロギーが宋学です。鎌倉末期の14世紀初期には、それまでの将軍や摂関や実権を握る政治形態を克服する新思想として、宮廷周辺で宋学が受容されます。後醍醐ばかりでなく、持明院統の花園上皇も側近（日野資朝等）を通じて程朱の学、宋学を学んでいます。後醍醐が即位すると、宋学を学んだ中下級貴族が側近として取り立てられる。それまでの政治的な序列を無化した後醍醐周辺での政治的なふるまいが、「礼」すなわち上下の秩序を無化する「無礼講」の寄合だったということです。『花園院宸記』は「無礼講」について「学達士の風か」と記して、宋学に通じた者たちがやっていることとして、けっして疎ましいものとは記していない。

　そんな後醍醐の意図した親政（新政）、将軍や摂関等を排して天皇中心の中央集権国家を実現しようとしたのが、後醍醐が企てた親政の政治形態です。それを手本としながら明治維新を実現したのが西南諸藩の有能な下級武士たちで、そこから士農工商の身分制を超えた「一君万民」的な近代天皇制も始発する。明治新政府が後醍醐の先例を重視したことはいろんな事例から明らかですが、そんな近代天皇制を認めない網野さんは、後醍醐の王権を「異形」と決めつけた。

　後醍醐の御持僧文観についても、足利政権下で作られた『太平記』の記事を鵜呑みにしてオカルト的な妖僧イメージを作りあげる。文観の妖僧イメージは、尊氏に仕えた三宝院賢俊などの対立セクト側が流した根拠のないデマなのですが、網野さんは文

観イコール真言立川流という江戸時代にもてはやされた俗説さえ持ち出した。それらの論点がどれも史料の恣意的利用でしかなかったことは、今日の歴史学では常識だと思います。

鈴木 ただ、無礼講の実態など、風聞も広がっていたのではないですか。
　さっきの文体の問題ですが、院政期に『方丈記』から和漢混交文がはじまるというのは、文体様式という観点からいうと定説になるのですが、中古からの転換が明確になっていないみたいですね。そもそも漢文に訓点を打つ読み方を訓読といっていたわけですが、築島裕『平安時代の漢文訓読語につきての研究』(1961)は、それを一つの言語のように考えた節がある。たしかに労作で、構文、語彙、語法の面からアプローチしていますが、語彙が中心。『発心和歌集』から「潔き」とか、「たまたま」いう言葉をあげています。「潔き」には大和言葉「清し」に語源を求める人もいます。そういう語源説の成否は、わたしには判断できません。昔、読んでとても感心した本なのですが、最近、考え直しています。
　築島さんご本人も仮説といっていますが、訓点を打って読む読み方から「訓読語」なるものを一つの中間言語のように考えているように思います。対義語は「和文語」ですが、平安時代に、訓読語なる言語を措定できるかどうか。疑問に思います。
　平安時代も公用語は漢文でした。漢字は音読されることも多かったのです。『源氏物語』にも音読漢字はいくらでも出てきます。官位は中国語とはズレますが、女御、更衣にしても音読、建物の名前、灯篭や前栽、几帳など宮廷生活は音読漢字を抜かしたら成り立たないわけです。
　それに対して、たとえば『三宝絵詞』は、真名文、変体漢文、草仮名が残っていて、見た目はまったく違うが、書いてあることはほぼ同じで、元本は極力、漢語を減らしたものだったと想われます。これも山田孝雄が推測していたものがある。いまは平凡社で出雲路さんの推測している本が出ている。見てみると「論ず」や「観ず」などは和語にはひらけません。しかも大学が摂関政治で解体してしまうので、漢文の読み方は各博士家のお家流になります。仏教は各派で読み下し方がちがう。
　漢文の読み下しを通史的に考えると、江戸時代に、お家流は壊れます。林羅山は、たとえば『論語』の開巻の「子、曰く」のあと「朋、遠方より来る有り」と読み、幕府学問所を出てから高松藩の藩儒となった後藤芝山は「朋有り、遠方より来る」と読んだ。読み下し方に共通した規範は、江戸時代も相変わらず、なかったのです。
　それを20世紀になって教育用に整えてしまった。仏教の影響で、やたらに呉音で読み、国学の影響を受けて和語にひらく読み癖です。が、いま、大学の中国語科では、実践語学に徹して、もうそんな訓読法は教えていない。
　もう一度いいますが、そもそも漢文訓読は、白文に訓点を打って読む読み方を指します。それを書くときには、今日、高校などの教育現場でいっているように「漢文書き下し」と呼ぶべきです。『古事記』序文で太安万侶は「訓述」と書いていますが、その部分をヤマト言葉に翻訳して書くことです。「訓」は言葉の音に対する意味なのです。
　「漢文書き下し体」は「和文体」とともに、平安時代からの日本語に漢字漢語の多寡

のある文体様式と考えてよい。そうすれば、院政期から和漢混交文という文体様式、近世から口語体という文体様式がはじまるときれいに整理できます。「和文体様式」「漢文書き下し体様式」とあわせて四つ、内部にいろいろな変化を抱えた、ゆるやかな規範と考えられるわけです。そして、このこと自体が、ヨーロッパはもちろん、宋代から芸能に民間共通語を抱えた中国とも、15世紀から漢文のほかに諺文の表記を抱えた朝鮮ともちがう、世界に稀な前近代日本語の事態と言えるわけです。ところが、和漢混交文の考え方は明治にいわれ始めたが、統一見解がいまだにできていない。それを整理できるとよいと、わたしは想っています。

兵藤 『今昔物語集』の各話の題目の「○○○○ノ語」も、「○○○○ノモノガタリ」とは訓めても「セツワ」とは読めない。この鼎談のはじめの方で言いましたが、私が説話集・説話文学というジャンル呼称を疑問視している根本の理由です。

鈴木 はい。そのとおりで、「説話」は、ただ一定の内容をもつ話という意味しかない。ときに「話説」とも倒語でいわれる。和語「もの」をつけるとみな漠然化する。そこで、物語は、歌物語、作り物語などさまざまに汎用することができるわけです。

　ただし、『今昔物語集』は興福寺の法相宗の教義にもとづく唱道説話集だということが21世紀にはいって、立命館の原田信之さんの『今昔物語集南都成立と唯識学』(勉誠出版、2005)ではっきりしました。ところが、『今昔』の『本朝仏法部』には天台の説話が多いので、それに承服しないひともいる。天台と法相は宗旨がちがうというのが先入観のようにはたらくからです。徳一が最澄に食ってかかった論争もあった。

　わたしは原田さんの本でも、一つだけ「唯識」の考え方に納得がゆかないところが残っていて、『本朝仏法部』と『世俗部』を読み直し、やっと解決できました。書き直しているのですよ、『今昔』では。法相の宗旨にあうように、あちこち。

　それはともかく、『今昔』のそのあたりの話は、拾った話、典拠の見えない話が多い。被差別選民の話もあります。集めていた人がいたのではないか、と私は推測しています。原田信之さんは、すごい学僧がひとりで編んだという説なのです、そこは一致できない。あれだけの事業をやるのに管主が許可しているだろうし、他の奈良の寺院とのお経の貸し借りなどもあったでしょうし。

　春日大社の縁起の絵巻には、「吹き出し」もあり、来迎図もある。あれも興福寺の学僧の仕事です。法相の僧侶の説話もかなり載っている。もちろん、『今昔』より後になりますが。

荒木 原田さんと対談されたのですか。

鈴木 「水門の会」で、ZOOMで1時間報告し、原田さんが聞いていてくれて、終わったあと1時間くらい意見交換しました。わたしの方は、説話の書き直しという点に力点がある。もう一つは法然が出て、法相の専修念仏の説話が全部、法然の応援になってしまうので、『今昔』は、最終的に無用のものになったというストーリーです。

『将門記』の「冥界消息」も完全にダイジェストして、『金光明経』を奉じていたおかげで1か月に一度は楽な日があるという話を消している。それは、しかし、悉皆成仏思想を避けてのことかどうかはわかりません。『純友追討記』あたりから掠め取って2話並べています。『今昔』は、そういうふうにリライトし、編集しているのです。

兵藤　『将門記』には、将門の敗死後に、「中有の使」（中有は人が死後冥土に赴くまでの49日間の意）に託した将門の冥界からの「消息」が記されます。「中有の使」は口寄せの巫覡の類でしょう。将門の冥界消息は10世紀の『将門記』末尾に記されますが、それを抄出・簡略化したかたちで『今昔物語集』にも記されます。関東を平らげた将門は「新皇」を称しますが、そのときの新皇即位を許す八幡神の託宣の取り次ぎ役として北野天神の菅原道真が出てきますから、天台系の物語要素が入っているでしょう。『今昔物語集』には、天台僧鎮源が編集した『法華験記』からリライトした道成寺物語も入っています。

鈴木　ただ『将門記』の頭のところ、『今昔』は流布本とされているものからとっていて、縁戚関係の記述が直されていたかな。そこは忘れました。それから、道成寺の話は、もっとややこしいのです。

　道成寺は、もとは法相のお寺だった。だからあれは弥勒信仰の話なのです。法相はインドの古い仏教を容れましたから、弥勒信仰も認めていた。二人とも最後は天人になります。それなのに法華経の功徳を説く説話なので、天台の説話集に入っていたのです。それが『今昔物語集』では、二人とも生前から善行を積んでいたと書き換えてしまう。善行を積んでも悪因縁にとらえられることはあるという話にしてしまい、それを書き換えているわけです。

　そののち室町時代の道成寺の縁起譚では、二人は熊野権現の生まれ変わりとしています。能だと清姫は鐘から追い出されて橋がかりを走って、入水自殺します。救われない。実は道成寺が天台になったのは17世紀とか。それまでは興福寺系だったことになりますよね。興福寺は奈良で、守護大名、いや戦国大名なみの権力をもっていて、織豊政権でそれを失うのです。お寺の宗旨換えもややこしいですが、説話は、いとも容易に書き変えられてゆく。そこが説話の面白いところと、私は想っています。

　『今昔物語集』の典拠は、案外、面倒です。とくに『三宝絵詞』、あれはよくできた仏教入門書で、写本が多様に作られていたと思います。真名本もあるが、17歳で出家した内親王のために源為憲がつくった元本は、極力、漢語を和語に開いていたものだと想われます。そこから採れば、漢文書き下しでも、硬い文章にはならない。慶治保胤らの念仏会の最初の会合についても書いてある。称名念仏に打ち込んだグループです。源為憲は、あのグループとつきあっていた。

荒木　『三宝絵』は面白いですね、最近興味があって、改めて追いかけています（「〈裏返しの仏伝〉という文学伝統─『源氏物語』再読と尊子出家譚から」『説話文学研究の海図　説話文学会六〇周年記念論集』文学通信、2024年、「尊子と定子─仏伝と「火の

宮」をめぐる出家譚の表象」『源氏物語　フィクションと歴史』青簡舎、2024年など)。尊子内親王という、冷泉天皇の内親王で、円融天皇に嫁ぎますが、有力な後見者でもあった叔父が死んで間もなく宮中を勝手に飛び出してしまい、落飾する。その人にむけて、仏教を語る教科書のような本ですね。

兵藤　尊子内親王は心を病んでいた冷泉（第63代）の皇女ですが、彼女の兄弟、花山・三条の二人の天皇もいろんな奇行が説話（というか世間話）になっていて、この皇統は結局絶えていますね。尊子も父冷泉の叔父にあたる円融の女御になりますが、突然出家してしまって19歳くらいで亡くなります。あれは病死ですか？　尋常な亡くなり方ではないような気がしますが。

荒木　尊子は内裏を出て髪を切りますが、その後、内裏が火事になったとき、なぜかそこに居ました。それはあたかも、後の中宮定子と重なる状況でもあり、興味深い人です。最後は受戒し、信仰のなかで亡くなったようです。ただ早逝なこともあり、内裏を出た事情もあって、詳細はよく分からないですね。900年後半です。そもそも女性の出家については、勝浦令子さんの「二段階出家説」などもあり、いろいろ考えるべき問題があります（荒木前掲「〈裏返しの仏伝〉という文学伝統」、「尊子と定子」参照）。

鈴木　もと賀茂の斎宮だったはずです。10歳かで退下して、17歳で入内させられた。それが気にいらなかったのではないですか。それはともかく、『三宝絵詞』は文学的に意味がないなどと言われた時期もありました。それこそ「文学」って何と問いたい。
　まともな漢文じゃないのは『日本霊異記』の方ですよ。そういう言い方は問題があるかもしれないけれど、景戒は私度僧だった人で、薬師寺の官僧になってから漢文の仏教の類書を勉強して『霊異記』を編んだのでしょう。疑似漢文といった方がよいような漢文です。それは以前から言われていた。

荒木　確かに、近年では『日本霊異記』の研究も深化し、出典論も踏まえながら、あの漢文には独自の和習がある、と指摘する中国の研究者もいます。

鈴木　その『今昔物語集』を近代に『グリム童話集』を凌駕するような本朝の民話集のように描きだしたのが芳賀矢一なのです。彼も『今昔』が仏教説話集であることは百も承知だったのですが、そのように描きだしたことも間違いない。それは、いわば詐欺みたいなことだ、くらい強く言わないとわからないことかもしれません。寓話を「児童文学」みたいに呼び出したことも、そうなのですが。ジャータカもイソップも、アラビアンナイトも、子供向けのものとして伝承されてきたものではない。グリム兄弟の仕事も。もとは言語学の研究のためのものですが、それを「童話」として近代に商品化してきたわけです。商品化したとき、実母の子供虐待か継母のものに書き換えられたりしました。それらもすでに明らかにされてきましたが、日本でも学術的なジャンル換えが仕掛けられたのです。それがまことしやかに通って、戦後「説話文学」なる

学がつくられたのです。

　大江匡房『江談抄』は宮中の漢詩文や有職故実にまつわる説話を集めたもの。『宇治大納言物語』は平等院のお蔵に集積されていた経典類と、行きかう人々から集めた話、『宇治拾遺物語』は、巷間の伝承説話を積極的に集め、『古今著聞集』は特に芸能楽曲関係を補ったなどなど、説話集にも特色が見える。荒木さんは以前、『古本説話集』でしたか、注釈をなさいましたよね。

荒木　そうですね。『今昔物語集』を研究する中で、「宇治大納言物語」からの流れを考える必要があり、『古本説話集』や『打聞集』、そして『宇治拾遺物語』はかなり注釈的に追いかけ、研究してきました（荒木『説話集の構想と意匠：今昔物語集の成立と前後』勉誠出版、2012年所収論文、前掲『『今昔物語集』の成立と対外観』所収論文など）。ただ注釈書として刊行したのは、先述したように『古事談』と『続古事談』です（新日本古典文学大系、川端善明氏と共著）。ちなみに『古今著聞集』も私の研究の原点の一つで、とても重要な作品だと思っています。

兵藤　グリムが話題になったので、ちょっとひと言。グリム兄弟は、日本では一般にメルヘン（柳田國男がいうように「童話」は誤訳でしょう）収集家として知られていますが、とくに兄のヤーコブ・グリムは19世紀ドイツを代表する言語学者で文献学者です。新村出の「言語学概論」に、フィロロギーを文献学と訳したのは上田敏だとありますが、明治初年は博言学と訳されていた。新村は東京帝大博言学科の卒業ですが、新村が教授になった頃は言語学科と改称されていた。

　新村に言わせると、「文献」の「文」は書かれたもの、「献」は賢と同義で物識りの意で、「文献」は「記載と口承」、つまり民話（メルヒェン）等の伝承も含めた学問が、ほんらいの文献学（Filorogie）である、となるとドイツ文献学を移入した芳賀矢一や、その後の藤岡作太郎は、新村が指摘するように「文献」学の半面しか受容しなかったことになる。藤岡や芳賀の文学史は、グリム（兄）の伝記も書いているドイツ文献学の大家ヴィルヘルム・シェーラーの大著『ドイツ文学史』の時代区分やジャンル区分に学んでいる。芳賀が1900年にドイツに留学してベルリン大学で学んだ教授は、シェーラーの後継者のエーリッヒ・シュミットでした。

　グリムの仕事として近代史に甚大な影響を与えたのは、ディズニーアニメの元ネタのメルヘン集よりも、古代ゲルマンの神話・叙事詩を文献学的に復元した兄ヤーコブの『ドイツ神話学』です。それらが書かれだしたのは、対ナポレオン戦争（ドイツ解放戦争）の時代ですが、従来の西欧世界で古典古代とされたギリシャ・ローマとは異なる民族的なアイデンティティが古代ゲルマンの神話（叙事詩）に求められ復元されてゆくわけで、そのドイツ神話学を精読したワーグナーによってあの壮大な神話劇も作られる。グリム学を柳田が熱心に学んだことは旧蔵書の柳田文庫の膨大な洋書から明らかですが、しかしそんなグリム以後とは微妙に距離を取るかたちで、柳田の「常民Volk」論や、「常民」の文芸としての口承文芸論は構想される。

　柳田は昭和初年の「桃太郎の誕生」の時点では、「説話」という語も使っていたので

すが、昭和7年の岩波講座に「口承文芸大意」を発表してからは「説話」という語を使っていません。にもかかわらず、柳田の昭和初年の説得的な説話論の影響でしょうか。国文学界では「説話」という語が益田勝実らによってさかんに使われました。『古本説話集』の「説話」という書名は、1940年代に文化財調査官によって名付けられたものですね。

荒木 田山方南です。田山自身の記述によると「この古本説話集一帖は、本来の題名はない。その内容は、中古の七十篇を収録した鎌倉時代の古鈔本で、昭和十八年重要美術品に認定せられた時、仮に「古本説話集」と題した」とあります。発見自体は昭和17年で、当初の包紙には「今昔物語」と墨書されていたようです(以上、田山の貴重古典籍刊行会解説、1955年)。川口久雄が岩波文庫の解説でその発見の経緯を祖述し、「国立博物館の田山方南氏により「古本説話集」と命名せられ」と書いています。川口は1967年の日本古典全書の解説でも同趣を誌していますが、そこでは「昭和十八年に博物館の田山方南技官がはじめて調査して「古本説話集」と仮題せられ、重要美術品に認定せられた」と情報を追加しています。ちなみに『日本美術年鑑』によると田山の経歴は、19「29年8月文部省宗教局国宝鑑査官補となり、国宝の調査指定に従事、45年国史編修官兼国宝鑑査官、終戦後は、国立博物館調査課、文化財保護委員会美術工芸課に属し、文化財調査官(書跡部門)から主任文化財調査官をつとめ」とあります。

鈴木 グリムは『家庭と子供ためのメルヘン』と副題がついています。商品化された当初から。ですから、読み聞かせの本という意味で『童話』でよいわけです。高木敏雄は「童話」が気に入っていたみたいですね。

高木敏雄はドイツの神話学、比較神話学を入れた人で、博文館の帝国百科の凡例で「説話」を神話の一話一話と用いています。ですから、仏教も神話も同等に説話と用いており、藤岡作太郎は、彼の『国文学史講話』で「動物説話」、イナバの白兎みたいなもの、それから地名由来譚みたいなのは「説明説話」と呼んでいました。このあたり学術タームとして問題ない。けれども柳田は「神話」は聖なる神に用いるべきだと考えていたみたいで、あとで不満をもらしていますね。でも、柳田の呼び方も不安定だったのです。「歌物語」なんてどういう意味で言っていたのか、よくわかりません。

柳田が「世間話」と言い出したのは、第二次世界大戦後で、自分が民譚とか民話とか、目に一丁字もない人々の話を集めてきたが、それが失せてきた。失せたのは、印刷物のせいだと戦前には言っていた。ところが、戦後、それを訂正した。そのとき、「世間話」のせいだった、と訂正した。20世紀には戦争のニュースとかそういうものがはびこって、それで村の「世間話」にとってかわったのだ。わたしは、そういう文脈で読んできました。柳田は、中世の説話については、ゴゼさんとか盲目の琵琶法師とかが、自分の境遇に引き付けて語るようになったので、変質したということを言っていたと思います。

ドイツ神話学関係では、アーリア民族説で有名な、マックス・ミュラーがオックスフォードにいて、その下で日本人が勉強して、グリムの翻訳をしはじめています。そ

のあたりは、「世間話」の方も、グリムを初期の翻訳も以前本誌で紹介しました。

『今昔物語集』については「仏法」と「世俗」の二つの世界の説話を合わせて編むこと自体が法相宗の教学によるものだということを原田さんは説いています。そもそも世界は、その二つに分かれるという教えが法相にある。ここでは簡単に二諦説と言っておきますが。だから、天皇も貴族も「世俗」として扱われるわけです。そのようにして『今昔』が編まれた。個々の説話の文体についても考え直してゆける。

それと同じで、軍記についても『将門記』は漢文書き下しで駢儷体を駆使し、英雄・豪傑を書く「記」の一種。将門が私闘をとがめられても引き下がらず、最後は朝敵とされても語り手は立場を変えることなく、反逆者・将門の側から語り続けます。勇壮で華麗、敵の捕虜となった女たちとの和歌の贈答も入り、哀れな最期まで書かれます。

あるいはそれは『古事記』のヤマトタケルの最期や、西洋近代のロマン主義と共通性の多い悲劇を想わせるともいえる。その猛き者が滅びゆくことへの鎮魂は、『保元』『平治』や『平家』にも見える。が、これらは琵琶法師がうたって、情緒纏綿とした文体になります。兵藤さんが力説してきたとおりです。『平治』は絵巻にされてもいますが、レトリックの蔓草がはびこるのは、むしろ『平家』の異本とされる『源平盛衰記』の方ですね。

ところが、『太平記』になると、序文は漢文で、全体が漢文書き下し体の「記」。典故をあげる際には駢儷体の漢文もよく入る。和歌は落書の風刺や戯歌に換えられている。道徳本位が表に立つ。江戸時代に戦国武士の倫理を伝える絵巻として誦み継がれました。それはフリガナ付きです。

戦国時代、つまり日本の国家分裂時代に武士のリテラシーは極端に低下し、また変体漢文が跋扈して、ついに戦国大名が「事止め」「不可（ベカラズ）止め」の日本語で市を免許制にする楽市楽座のお触れを出した。それが織豊政権に受け継がれ、公用文がいわば初めて日本語で出たわけです。江戸時代にも幕藩とともに庶民向けのお触れ書は、いわゆる候文の日本語になります。武家諸法度は事止めです。幕府と藩がそれぞれ違うお触れを出していた。世界に稀な二重権力体制だったわけです。まさに二重権力体制を物語る事態でしょう。

もう一度いいますが、古代から文体様式がたくさんあるのは世界を見渡しても日本だけ。個々の作品や作者の文体ではなく、様式として漢文書き下し体、和文体、和漢混合文体、中世の終わりには芸能に口語体も出て、4つの文体様式が江戸時代には走っていた。これは世界には類を見ないことです。ところが、この口語体が規範化しなかったので、国語学では言文一致と認められてこなかった経緯がある。

兵藤 西欧世界でいち早く標準語（standard language）を制定したのは、17世紀末に始まったアカデミー・フランセーズですね。それ以前のフランス語は、バフチンのラブレー論で知られるあの過剰な『ガルガンチュア物語』の言語世界です。そんなガルガンチュア的な過剰な語彙を整理して、主語 subject を必要不可欠としてS est P、つまり形式論理学でいう「命題」形式ですが、そういう文のあり方を正しい文法として「国民」の標準語が作られる。そのことでフランスはいち早く近代の国民国家を作りあげ

たわけで、ナポレオンの軍隊があんなに強かったのも、国民軍だったからでしょう。

そんな対ナポレオン戦争のさなかで、フィヒテのあの「ドイツ国民に告ぐ」も書かれる。オースチンの言語行為論とか、あるいはフーコーのいう言説の実定性、ポジティヴィテの問題ですね。『季刊iichiko』の2025年1月号にも書きましたが、それと時期的に重なる時期にグリムのドイツ神話学が書かれて、グリム文献学に学んだヴィルヘルム・シェーラーによって『ドイツ文学史』(1883年)の大著が作られる。芳賀矢一以下の国文学者たちが大いに学んだ文学史です。

鈴木 標準語については、いくつかの考え方があると思います。アカデミー・フランセーズが規範をつくって、ルイ14世に提出した辞書があります。それをもって、スタンダードとするというのは一つの考えですね。それは国家が決めた望ましい目標ですね。「世俗語革命」の話ではない。

日本の場合、口語体にある種の規範が国家によってつくられたのは、1903年の国定教科書です。尋常小学校三年生用です。四年生が義務教育の最高学年ですが、あくまでも許容です。これを習得しても1890発布の『大日本帝国憲法』を読めません。それぞれの国家によってとっている言語政策がちがう。フランスは、時期によっても外来語を規制したりした。日本は野放しですね。

わたしは、国民国家(ネイション・ステート)の成立を、一般意思による社会契約としたジャン゠ジャック・ルソーの「社会契約論」(le Contrat social, 17622)の条件を満たすもの、法の下での自由・平等の保証に見ており、それは「標準語」をどう定義するかとも、識字率などとも関係ない話としている。当時、フランスで一番高い地方で30％くらいですね。そもそもヨーロッパの識字率は、自分のサインができるかどうか、遺言状に自筆のサインができるかどうか、なのです。ほかに基準はない。いまも同じです。また、市民革命や独立革命の政治過程は各国で異なっており、印刷物の普及なども指標にならないと主張してきました。ベネディクト・アンダーソンの『想像の共同体』論はヨーロッパモデルだと。ルソーの感情本位の言語論が実は理性本位だったと脱構築しても、社会契約説が覆るわけではない。

識字率の話では、日本の壮丁調査みたいなことはしないのです。だから、外国人が何人調べにきても、日本では、江戸でも大坂でも幕末で70％以上の識字率とびっくりして帰るわけです。屋号が書ければ、識字者と認めるわけですから。それは江戸後期の『経典余師』のブームが明らかにされて、裏打ちされた。しかも、農村指導層がかかわって子弟の教育を進めていた。そういう具体的な言語環境から固めて考えなおしてゆく。ただし、識字率が高ければ、民度が高いということにはなりません。一部の科学者が力を発揮すれば、その国の文明度は高くなるわけですから。

兵藤 国民国家を樹立したフランスや、その余波を受けざるをえなかったお隣のドイツと違って、イギリスは島国ですからね。地方ごとの方言が許容されてしまう。しかも広大な植民地をかかえて、フランスとは異なるかたちの近代国家を作り上げてゆく。明文化された憲法さえ持たない国家ですから地域ごとの方言もすごい。

鈴木　はい。イギリスでは、いま、方言研究も盛んですが、1870年代から普通教育を徹底させて、平均的教養をつけさせた。これは飛躍的だった。同時に若き知識人の各英語が格段にやさしくなった。フランスは1900年から義務教育ですが、フランスも方言差やバスクなど言語の民族差はいまも強い。少数者のための言語政策を、なんて勧告にフランス政府は耳を貸さない。1871年にドイツは統一しましたが、やはり地方文化の存続には特色があります。

　それで、日本の院政期の話ですが、言い洩らしたことがあった。院政期を説話の時代のはじまりととらえる。そうすると、『堤中納言』あたり、作り物語が題材の多様化から説話化を強めて、和歌を失ってゆく展開をとらえることになります。それでも『太平記』には、落書のうたや、ざれうたが残っていますし、説話が芸能化してゆくことで音曲を獲得してゆくという大きな変容の動きがとらえられる。

─── 音韻のお話しがありましたが、てには論は、文法的にどういうふうに位置付けられますか。日本人のロジックのなかに相当ベースにあると考えているのですが。

荒木　基本的には、中世以来、和歌作成の作法において出て来ますね。江戸時代になると、語学書、文法書のなかで、てには研究が展開しますが。近代になると、国語学の領域ですね。

鈴木　わたしは近現代では、寺田寅彦の「てには」ベアリング説に感心していました。機械が転がるのに、なくてはならないベアリングです。ただ、漢文読み下しでは「てには」は抜かしてもすっと読める。「子、曰く」ですよね。「子は」と入れるとかえってうるさくなる。そういう癖がついているのです。そこで「てには」を言い過ぎているように思うようにもなりました。

荒木　確かに、「てにをは」がない方が読みやすい面もあるけれど、日本語の文法として、語順では決定されず、「てにをは」がないと意味が同定されない弱みがあります。中国語だと、それぞれの漢字が音を持っており、また語順によって意味が決定されますが、日本語にする場合は、てにをはを付けないと、漢文の読みもひとつにならない。いろんな読み方が出来てしまう。外国語理解の宿命ですね。しかも、読み解く中で、返り点を発明し、順序を入れ替えるような読み方をしてしまったので。

兵藤　近代の小説家でも、志賀直哉などはテニヲハが少ない、締まった硬質の文体を書きました。でもそのせいか、現在ではあまり人気がない。志賀の文章が大好きだった小林秀雄も、現代の読者にはきわめて難解でしょう。今でもよく読まれる太宰治は、志賀の対極にあるような饒舌な文体ですが、太宰のものがたり文体は『源氏物語』のそれと構成的にちょっと似ているかも知れません。『枕草子』などに比べると、『源氏物語』は詞に対する辞のような要素が敬語も含めて異様なほど多い。接続助詞的な

テニヲハを多用して、文章がどこまでもつづく。「吾輩は猫である」式のＳisＰのセンテンス意識なんてない。近代でこれに近いのは、幸田露伴の初期小説とか泉鏡花でしょう。東京帝大出の谷崎がまねしようとしても真似できなかった文体ですね。

鈴木　簡潔に言い切れるかどうかではなく、ひねってもアフォリズム的な文章は、「てには」は抜けます。わたしのいってるのは、もっと単純なことです。漢文書き下し体は「てには」を抜かしやすい。宗祇の紀行文『筑紫の道の記』などは和歌も詠みますし、対句も使いますが、「てには」の抜き方がうまい。それで誤解は起きません。かといって、全部抜くわけでもない。

兵藤　「奥の細道」もそうですよ。冒頭から漢詩文の引用で始まりますから。『平家物語』では、中世まで最も人口に膾炙していた文章は、現代の中高生が暗誦させられる「祇園精舎の鐘の声云々」ではありません。この一節は平家琵琶の秘曲であって、中世の一般庶民はまず耳にする機会はなかった。

　中世人のだれでも暗誦できた『平家物語』の名文句は、『七十一番職人歌合』の琵琶法師の絵で、口からの吹き出しに書かれた「平家都落ち」の一節、「海人の焚く藻の夕煙、尾上の鹿の暁の声、渚々に寄する波の音、千草にすだくのきりぎりす云々」です。七五調ですが接続助詞などのテニヲハがなくて、そのぶん想像力が広がってゆくような文章です。こうした文章が、書かれた読み物としてではなくて、耳で聞く語り物や謡い物として一般庶民のあいだに広汎に流布して浸透したというのは、日本語史や文章史の問題としてたいへん重要と思われます。そんな基盤のうえに宗祇を敬愛した芭蕉の俳諧も作られる。

荒木　宗祇は先に触れた心敬の弟子でもありますね。師匠は何人かいるようですが。

鈴木　そうなのですが、宗祇は心敬のように、雲間の月や冷えさびみたいなことはいわない、実は冷えさびは俊成にもあるのですが、それは措いておきます。宗祇は「古今伝授」を受けて、『両度聞き書き』がありますが、あれは調子にのって付会が過ぎる。日本人はみな、イザナキ、イザナミの子孫で、神様みたいになっています。宗祇は、そんな神仏習合と戦国の世の観察とが並び立った人です。連歌師の処世術みたいに説く人がいるけれど、あの紀行文には装飾はない。そして、分裂国家の戦国の世を文化でつなげたのは連歌師ですからね。

　この一筋の道は芭蕉まで流れますが、芭蕉は洒脱に飾り立てます。比喩の技巧の問題で、位相がちがうのですが、『奥の細道』の冒頭なんて、月や日を旅人に見立てているのではなく、流れる歳月そのものを旅人と見立てている。なにしろ、佐渡に天の河を横たえてみせた。「銀河序説」では、罪人の送られる島だら、荘厳してみせたと書いています。

——　てにはは、漢文を読むために作り上げたものなのですか？

鈴木　漢文の白文で、漢字の四隅や上下に符号を打つのを「をこと点」といっていました。助詞、用言の活用語尾などのシルシを入れた。「てには」は、朝鮮語と同じく膠着語といわれる類の日本語の文法的特徴とされる自立語につける付属語の総称です。それらにも「をこと点」をつけていたのですが、「てには」がそれでつくられたという関係にはならないです。「を」は目的格を明確にするために、つい入れたくなるようです。漢文のあいだに「を」だけ入っているのがあります。15世紀に興福寺の三代続いた『多門院日記』ですが。

　そういうふうにして日本語で読むことを「訓読」と称してきたわけですが、日本語の語順に規則はないし、漢字音も多く混じるので、「訓読」というとやはり語弊がある。ひらがなで「ぎ」と書いても、仏教の奥義の意味なら、それは漢語で、音読してますよね。『源氏物語』「橋姫」のおわりの方に、「義」をひらがな書きにした写本があったと記憶しています。

　寺田寅彦が「てには」は「ベアリング」だと言っていたのは、比喩としてはうまい。ですが、ベアリング抜いても通じる場合もある。いま「を」を抜きました。抜いた方が、調子がよいこともある。いつも音節を調節することを考えている人、連歌師もそうですが、ごく自然に「てには」を調節する。

　助詞には述語に変化を要求するものがあります。係助詞のはたらきは、山本さんの述語機制の考えにそっていると思います。係り結びは、構文でも修辞でもある。ただし、室町時代には係り結びは消えてゆくみたいですね。それがなぜか、となると、まだ定説はないと思います。

───『平家物語』、『今昔物語』、『源氏物語』では、てにはが違うのですか？

兵藤　一般に読まれている『平家物語』は、文字どおり和漢混交・雅俗折衷の文体で、いろんなものが混在した語り物の文章です。男手のカタカナ宣命体で書かれた『今昔物語集』と、女手のひらがなの連綿体で書かれた『源氏物語』では、同じく「物語」を称していても文体がかなり異なります。テニハでいうと、接続助詞のニやヲによってセンテンスがどこまでも続いてＳ is Ｐで切れないのが『源氏物語』です。

荒木　『今昔物語集』には、基本的に、書かれた文献の出典があります。出典を集めてきて、編者（複数説もあり）なりに解きほぐして読んでいる。

鈴木　『今昔物語集』の各話の文体は出典に規定される。もとが漢文ならガチガチの漢語が出てきます。たとえば仏教で、心のなかの善の要素を集めること、「善を修める」ことを「ぜんをしゅうす」と漢字音で読みますが、「わらしべ長者」の元話、おそらく『宇治拾遺』を出典にしていると想われますが、漢語が少なく柔らかくなる。半分まではいかないけれど、簡潔にはしています。ですから、「てには」だけで考えるわけにもいかない。

そして、『今昔物語集』の編者はリライト能力が高いので、そのために典拠がわからなくなっているものもあると思います。唯一、作り物語『竹取物語』をリライトしているものがある。『今昔物語集』に載せてあるのが原型みたいなことをいう第一線の研究者がいますが、モチーフも書き換えています。

——　その場合、本来の原典と今昔物語に移し替えたものとで、そこに文学的真理が形成されたと見ていいのでしょうか。つまり、本当らしいこと、史実の問題ではなく文学としての真理。それが文学的な歴史のなかでどのように作られてきたのか。文学的真理は、嘘だとは言えない。お話しをうかがっていて、平家物語という歴史に近い文学的真理が作られている、それと今昔物語が作られる文学的真理と、あとは藤井貞和さんがおっしゃるように源氏物語にも歴史に基づいた文学的真理があってそれがリアリティを高めていると指摘されています。それらの位相が変わっていく、変化を生む大きな何かが中世の時代になされたのかなと、考えてお話しを聞いていました。

鈴木　その「文学的リアリティ」についてですが、近代芸術的な意味になっていないかな。前近代で「文学」は、漢詩文の意味しかなかった。和歌も物語も「文学」とは呼ばれたことは一度もない。13世紀の説話集『古今著聞集』の部立てで「文学」は日本で書かれた漢詩文です。もちろん、漢詩文も人を、というか、鬼神も驚かすような力をもっていると考えられていたわけですが。ヨーロッパ近代に生じた感情の表出に絞るような芸術の価値観は前近代の東アジアにはないです。
　芸は士大夫の高級な芸、宋代には囲碁や盆景なども入ります。術は方術の術で、あわせて技芸一般をいい、これは西欧語の語源のアートやテクネーとちょうどつりあう意味ですね。むろん、文の芸もその一つですが、感情表現を重んじるのは近代にドイツから入った「美文学」の理念です。1890年に東京帝国大学で芳賀矢一『国文学史十講』が押し立て、漢文を排して和文主義を採った。彼がそのとき、和文主義をとったのは、和文にこそ、国民感情、国民性が現れているというドイツ流の文化ナショナリズムに従ったからです。が、その国の国民性は知のはたらきよりも国民感情に示されるという考えは、ジャン＝ジャック・ルソーをはじめ、ヨーロッパのロマン主義で広く共有されていました。
　それまでに、漢文を入れるか、入れないか、東京大学の「文学部」、日本流にしても人文学の「文学」か、感情本位の狭義の芸術をとるか。「日本文学」の範囲をどうするか。明治以来、その四つの選択肢が、われわれはいまだに解決できていない。
　多くの「日本文学史年表」は『古事記』『日本書紀』『風土記』からはじまる。神話、神話と歴史、地誌の書で、これは日本の人文学の範囲です。『日本書紀』は和臭の問題を除けば、正則の漢文、あとは日本化した漢文です。ところが、もっと前に作られた聖徳太子の『三教義疏』が無視されたままなのは、明治国家が廃仏毀釈を経て、天皇制、神道を奉じる国家として出発したからですね。日本で展開してきた文芸の歴史は総合文化史に規定されて決められている。われわれの頭の中で。それか対象化できていないわけです。

漢文が公用文だった古代では、漢文と日本語が重層的に展開していた。平安時代に日本語文は漢文書き下し体と和文体の二種の様式があった。中世は、公用文の漢文が崩れて変体漢文、和化漢文が通り相場になってゆく。その間にできた和漢混交文様式が日本語文の大きな文体様式の一つとして近現代もずっと幅を利かせてきた。近世には口語文の様式もはじまる。そういう中で、古典の評価も動いてきたのですが、近代に西洋近代の自国語の思想が入り、古典漢文と日本語とを二項対立的に考えるスキームが浸透した。それ以前には、国学の国粋主義があったことは先にふれました。
　そして、そののち、国文学界は芳賀矢一流が主流となり、前近代の文芸の評価がいわば和文重視に傾き、さらに古典に新しいジャンルが次々に発明されてきたのです。わたしはジャンルも文体様式も概念も、同時代に戻して前近代の文芸史を考えなおそうとしています。西洋化＝近代化主義を退けて、日本の近現代文芸史を考えてきた立場を、前近代にも徹底させるための方策です。

荒木　『源氏物語』の場合は、とりわけ中世になってから、背景にある歴史がリアルなものだと読み取るようになり、注釈書などでは、「准拠」という概念も出て、現実に当時の日記や史書を引いたりしています。もっとも『紫式部日記』に『源氏物語』の内容を知った一条天皇が「日本紀」を持ち出したりしますので、その歴史も原初的です。一方で、中世の場合には、『源氏物語』がカノン化した、聖典化したということが、その読みぶりの多様性に拍車をかけますね。その理解には、先に挙げた、*Reading the Tale of Genji* という本も参考になります。ともあれ『源氏』のあまりも早い達成は、きわめて特殊なケースであり、だからこそ、追跡がおもしろい。世界的にも珍しいと思います。世界文学をめぐる、クロースリーディングと、ディスタントリーディングということも、あらためて考えさせる傑作です。

鈴木　そう、作り物語であることはわかっているはずなのに、寓意的真理の対象みたいなものになり、史と重ねるような一種のマジックがはたらいた。京都の坊さんが源氏供養をしますが、あれも不思議といえば不思議な現象ですね。『源氏物語』の作者も読者も不義密通の物語になじんで心が穢れているから、成仏できないでいる。だから供養しましょうという理屈はわかりますが。

荒木　室町幕府が、大真面目に研究してますね。その政治上の依存度には、議論もありますが。

兵藤　さっきの山本さんの発言にちょっと関係しますが、ひところの文学好きの大学生がみんな文学言語の問題として読んだのは、吉本隆明の『言語にとって美とは何か』でした。時枝文法の「主体」の議論をふまえて、自己表出性の強度をもって詩的言語の強度、文学評価の尺度とするような議論ですが、こうした言語論の始まりは西欧のロマン主義的な文学論を受容し始めた明治20年代に始まったのでしょう。
　それからさっき話しました後醍醐天皇の「新政」の問題、網野さんの『異形の王権』

の表紙図版にも使われた後醍醐像の「異形」性、「異形」は中世には盲目その他のいわゆる「不具」に向けて使われた差別語であって、もちろん後醍醐を「異形」と呼ぶ史料などはないので、この語を使いたかった著者の意図はわからなくもないのですが。

　それはともかく、両手に密教法具を持つ後醍醐のこの肖像は、藤沢の遊行寺に伝来したもので、たくさんの先行研究があります。あの肖像は後醍醐の死後、かれが灌頂の奥義を受けたときの姿を、聖徳太子が三経義疏を講演した姿に模して描かれたことは、武田佐知子さんや、さきほど名前をあげた内田啓一さんによって、すでに実証されています。けっして「異形」などではないのですが、いまだに「異形」の後醍醐像として引かれるのは、どうしたものでしょうか。

　その後醍醐天皇も在位中は王朝の盛儀の復興に尽力しました。それに対抗した北朝、というより足利将軍ですが、たとえば、二代将軍の義詮は、前代からの『源氏物語』のそれまでの注釈書の集大成を、後鳥羽の玄孫にあたる四辻善成に命じます。『河海抄』ですね。

荒木　先に室町幕府が、と言及したのは、まさにその『河海抄』のことですが、本当に様々な意味で、象徴的で画期的な注釈書ですね。

兵藤　『河海抄』は『源氏物語』の記述を王朝の盛時である（と当時考えられた）醍醐・村上天皇の治世、延喜・天暦年間の史実に引き寄せて注釈をしています。いわゆる准拠論ですが、すでに『源氏物語』にも、光源氏が当代をして後代の規範たらしめるべく、私的な遊宴にもさまざまな趣向をこらしたことが記される。「末の人の言ひ伝ふべき例」（絵合巻）を書きおさめた『源氏物語』は、源氏本人が自分の物語にメタ物語的に言及しているように、いわゆる作り物語、単なるフィクションではないわけです。

　『河海抄』の撰進を命じた二代将軍義詮の跡を継いだ三代将軍義満は、光源氏の六条院を模して、「花の御所」、将軍の居宅を「御所」というのは僭上ですが、「花の御所」室町殿を造営したり、『源氏物語』若紫巻の舞台である北山（今の金閣寺一帯）を西園寺家から強引に譲り受けて北山殿を造営する。北山殿には「殿上の間」や「紫宸殿」という施設があったと言われますが（『臥雲日件録』）、源氏の嫡流を僭称した足利将軍に圧迫された南朝の天皇たちも、初代の天皇はみずから後の醍醐と称しますし、二代目は後村上を称します。南朝と北朝がともに『源氏物語』に准拠して王朝の正統を称したのが南北朝の内乱ですね。この南北朝時代の『源氏物語』受容が江戸時代に尾を引いていることは、三田村雅子さんが書いています。

鈴木　『河海抄』が『源氏』評価の指標にしているのは、司馬遷の『史記』と『荘子』の寓意ですね。14世紀の四辻善成の批評のスキームとしては、わからなくはないですが、「日本紀」云々となっていった経緯は、わたしにはうまくつかめない。

荒木　一条天皇の「日本紀」云々をめぐっては、最近、台湾日本語文学会で「物語〈作者〉の誕生——『源氏物語』の卓越と「紫式部」像の創世 がもたらした文学史」と題し

て発表した中で考察し、ほぼ論文化した予稿も書いたのですが(2024年12月14日、中国文化大学)、もう少し整理して、日本でもどこかで公刊できればと思います。一方で、平安時代の『蜻蛉日記』ですが、序文で、彼女が日記を書くのは、自分のような者が、どんなことを考え暮らしをしていたか。後世の人に見て貰いたいというようなことを書いています。そしてその時、「物語」になぞらえています。『三宝絵』の序文にも女にとっての「物語」が引き合いに出される。だから「女の物語」は、それなりのある力を持っていたわけですが、『源氏物語』の場合は、女が作った物語が、突如、同時代の一条天皇以下、男の政治家達までが真面目に読むべき規範になっていく。それが不思議な点です。

鈴木 そののちは江戸時代の歌学と国学への展開、宣長流の真心崇拝もあるが、国学はレトリックへの目も養った。そののち近現代批評史も再整理したいと。武張った時代には『源氏』の柔らかさは情けないといわれ、不義密通も排斥された。本当に手放しでほめるようになったのは戦後。他方で、国学の展開が文献実証主義なんて最近でもいわれている。文献に丁寧にあたっても、何を実証しているのかつまびらかにしないで、そういう言葉が飛び交ってきた。ほとんど学会主流の病のようにも思える。

兵藤 さっさも言いましたが、「文献学」という語は、フィロ・ロギアという語を明治の国文学者たちが誤解したといってよいでしょう。文体の問題にちょっと話をもどしますが、明治期の文学で、『吾輩は猫である』という漱石作品は、タイトルからして意味深長ですね。先にも言いましたが、明治初年に西周によって移入された西欧の形式論理学、西は当初「致知学」と訳しましたが、その基本命題が「S is P」です。西は「主格(subject)」「繋辞(copula)」「述格(predicate)」として、S is P を「イはロなり」と訳しています。わたしたちも学校英語で I am a boy とか This is a pen から習ったわけで、それと並行して主語と述語の呼応関係などの日本語文法も習います。

　日本語には主語がないといっても、明治初年からこうした近代西欧語を規準とした教育を受けてきたわけで、主語はないと言われても、じゃあどうするかとなる。「S is P」に馴らされて近代の日本社会を作りあげ、それに適合しながら生きているわけで、それによって得たものは莫大なものがあって、同時に、私たちには『源氏物語』や西鶴が読めないとか、失ったものも大きい。やっと近代の「S is P」的な思考と文体が成立しようという20世紀初頭に、それに冷や水をかけるように「吾輩は猫である」などと。そもそもこの言表は命題(proposition)として成り立ちませんね。そんな小説を神経衰弱気味の東大英語教師が書いたわけです。

荒木 影響力という点で言えば、漱石は圧倒的ベストセラーですね。『古典の中の地球儀』にも書きましたが、文庫の売れた数を調べると、ある時期までは圧勝ですね。その中でも『こころ』が強い。

兵藤 中国詩論を流用した古今仮名序の「人の心を種として」はともかくとして、和歌

や物語の世界でいわれる「こころ」は、さっきあげた「詩の発生・再考」(『日本文学』2023年5月)で述べたように、「こころ」は「ことば」としてしか存在しない。漱石などの近代の文学者が問題にした「こころ」とはまったく異質な「こころ」です。今日の話題から離れてしまいますので、話を中世文学史にもどしましょう。

荒木 中世文学の研究史という視点から、一度是非伺いたかったのですが、兵藤さんの『太平記』の文庫本は、発端から完成まで、何年かかったのですか。

兵藤 岩波文庫側と話を始めたのは2001年くらいです。かつて岩波古典大系や新潮古典集成、角川文庫が底本に使ったのは江戸時代の流布版本ですが、『太平記』は南北朝期の成立なので、江戸時代に校訂された流布本は底本にしたくなかった。小学館全集の天正本もきわめて特異な本文なので、底本をどうするかであれこれ考えましたが、けっきょく龍安寺所蔵の古本、西源院本を校訂することにしました。西源院本を底本にした詳しい理由は、文庫第四冊の末尾「解説」に書きましたが、龍安寺から許可をもらって校訂本文を作り始めたのが2004年、校訂と注釈作業を同時並行で進めて、1冊目を刊行したのが2014年です。6冊目が完成したのは2016年の暮れでしたが、担当編集者は「完成しないと思ってました」なんて言ってました。始めた頃はまだ50歳でしたから、なんとかできました。

荒木 なるほど。ありがとうございます。同じ長編でも、『源氏物語』は、成立して期をあまり隔てず、注釈が出て読まれていき、近代、現代と引きも切りません。しかし『太平記』の場合は、本格的な全注釈は近代になってからだと思いますが、昭和の時代、『太平記』を注釈すると命が持たない、などと俗に言われていて。日本古典文学大系などでも、注釈者をつないだようなかたちで、ようやく全巻が完成されました。その後、名古屋大学の山下宏明さんが、新潮日本古典集成で全巻を注釈し、それから小学館新編日本古典文学全集の長谷川端さん、そして今回の岩波文庫の兵藤さんのものが出現し、ようやく、統一的で多角的な読解が可能な時代になりました。角川文庫は、岡見正雄さんの労作が、2冊まで出ましたが、残念ながら……。

鈴木 途中で書き手が変わっていたりしますが、それでも一つになっている。

―― 網野さんの中世史を講義で使ったことがありますが、講義しているうちに、これは酷い穴がたくさんあると気付きました。ただ読んでいるときは分からなかったのですが。

兵藤 網野さんは存命のときは信者がたくさんいましたが、亡くなってからは、少なくとも歴史学界では急速に忘れられつつあるようです。アジール論も「異形」の王権論も、読み物としてはおもしろくても、史料の恣意的な扱いを批判する歴史学者が多くて、とくに中世史研究では、最近はほとんど問題にされていない。むしろアジール論

では元ネタになった戦前の平泉澄の論が丁寧に読みかえされたりしている。つまり網野さんの論はアジール論も「異形」の王権論もそんなふうに史料的に危ういというか、いいかげんな問題をはらんでいる。とくに文観イコール真言立川流説などはひどいもので、おもしろがりだけでは決してすまないと、そうしたことは今まで後醍醐論や太平記論として書いてきたつもりなのですが。

鈴木 目の付け所はよくて面白いんですけどね。西と東に分けてしまったりしています。

荒木 網野の『東と西の語る日本の歴史』(初版は1982年)の「はじめに」のエピソードが有名ですよね。甲州で生まれ、東京で学生時代を過ごした網野が、四十前に、名古屋大学に勤めて、寿司の醤油だとか、味噌汁について「赤だし」の味だとかに驚き、日本の東西を意識する話など。当時の学術書として、うまいですよね。

あと、網野については、英語の翻訳が早く出ましたね。私がアメリカに短期滞在した1999年でもすでにありました。2000年代にはしかるべき論文が英訳されていたので、アメリカ人の研究者も読みやすかった。アナール学派などと重ねつつ、日本の中世史を、網野を使えばそれまでとは全く違うように書ける。かなりの関連英語論文も出たと思います。

鈴木 自照文学、セルフリフレクティングはどうですか。アンダーソンが言っている"言語のプライバシー"は、ヴィトゲンシュタインをからかったんでしょう？

荒木 そうですか。私が『古典の中の地球儀』において「言語のプライバシー」に注目したのは、白石隆・白石さや両氏訳のベネディクト・アンダーソン『想像の共同体』日本語訳が出たときに、『平家物語』が引いてあって驚いたことがきっかけです。しかもそれは、なぜか「17世紀」の『平家物語』でした。そしてそれは日本のひとにしか読めない、しかし名作と言われている。これこそが言語のプライバシーだ、と説明しています。

ところが英語の原文をみると、『平家物語』には触れていません。引かれているのは、17世紀のトマス・ブラウン著『ハイドリオフィア』という、葬送や骨壺、霊魂の所在などをめぐる歴史的考察で、イギリスでは周知の本です。実は夏目漱石の小説『三四郎』にも、『ハイドリオタフヒア』として出て来ます。アンダーソンからしたら、『ハイドリオフィア』という、イギリス人はみんな知っているけど他国の人は誰も知らないテクストを出すと、知っている人には心の底からわかる文章が、一歩言語文化を違えると何も分からなくなる、ということの例示として言いたかったのです。それを、日本語訳する際に、白石隆・白石さや両氏はアンダーソンの弟子で、翻訳については任せられていたので、彼らは、『ハイドリオフィア』では日本人に通じないので、その趣旨を敷衍して『平家物語』に変えたのです。その経緯が、日本語訳の後書きに書いてあって面白かった。それを敷衍して、中国に日本人の往生人の伝記を運ぶとき

に、伝自体は完璧な漢文で書いておいて、その中に、文字だけは自明で、内容は不明の和歌をそっと入れる。そうした営為を、言語のプライバシーとなぞらえて言ったわけです。

鈴木 ヴィトゲンシュタインは公共性とプライバシーで分けていて、プライバシーの言語はないよと言っています。それだけの話なのですが。20世紀の後半に言語学者たちが言及して問題化していたので、アンダーソンがヴィトゲンシュタインをからかったのかと。プライヴァシーで、ドメスティックではないから。

荒木 なるほど、知りませんでした。それは面白いですね。私は単純に、翻訳の入れ替えに注目してアンダーソンの論理を考え、議論を展開したのですが。

鈴木 そうですね。言語の公共性って、他国語との間の問題、自国語内の間主観性の問題としても設定できるので、ややこしくなる。

兵藤 さきほどちょっと話題に出た「自照文学」の問題、荒木さんからもう少し説明してもらえますか。

荒木 日記については、鈴木さんが腰を据えて分析されていますので。

鈴木 いや、さっき言いかけたのは、言語のプライバシーの問題とジャンルの問題が重なるかと思ったのです。池田亀鑑は『宮廷女流日記文学』(1927)をまとめる前に、「自照文学」という語を使っていた。それは鈴木登美さんが「日記文学」とジェンダーの問題を突き出したとき、引いているのですが、「日記文学」という新しい古典ジャンルを発明したとき、当時いわれていた「心境小説」をヒントにして着想したと書いているのです。

　それは「私小説」論議の第一段で、1920年ころに宇野浩二が、主人公を造形しないで自分の経験談を感想文みたいに語るのは小説とはいえない、と言い始めたことと関係します。その前に、永井荷風が随筆「矢はずぐさ」(1916)の最初の方で、「私小説」すなわち「ロマン・ペルソネ」(イッヒ・ロマン)はゲーテの『ウェルテル』に発するもので、日本では尾崎紅葉の「青葡萄」(1895)が最初などと書いているなかで、主人公をそれとして造形するのが「私小説」、造形せずに思いをそのまま述べるのが「随筆」とはっきり書いていた。

　しかし、宇野浩二は、のちに、それを引っ込めて、感想文みたいなものも「心境」を吐露するだけの特殊な「私小説」として認め、「心境小説」と呼んだのです。われわれはバルザックの真似はできないが、芭蕉の真似はできる。と。

　これには本当はモデル問題や、どこまで作家が自身の生活ぶりを書いていれば「私小説」といえるのか、などという問題も絡む。佐藤春夫の『田園の憂鬱』の完成版はかなり自分の生活ぶりをかいていたが、やはり「心境小説」と呼ばれていたのです。そう

いう問題を捨象していえば、そういうことです。佐藤春夫は、「私小説」にレリーフの比喩を用いています。自分の生身の身体活動から浮きあがっているところだけ書く、というわけですね。

池田亀鑑は、そのころ少女小説なども書いていて、その手の話題に触れていたのでしょうが、その論考では、懺悔や内省というトーンを強く出しています。古典のいわゆる「日記文学」、とくに女性のそれは、みな回想して、内面を吐露していることは共通するのですが、わたしなどが思いあたるのは、『更級日記』の後ろの方で、若いころ、物語に夢中になりすぎていた、もっと早くに仏道にめざめていれはみたいなことを書いている。

だが、池田亀鑑の「自照」の語には、阿部次郎の『三太郎の日記』あたりの影の方が大きくはたらいているかもしれない。ただし、久松潜一も戦後のエッセイで、自分は20年代から「心境小説」との関連で考えていたみたいなことを漏らしていた。つまり、池田亀鑑だけではすまないわけです。

荒木 日記については、どうしても池田亀鑑の話になりますね。これも【ケーススタディ2】「散文の生まれる場所─〈中世〉という時代と自照性」に詳しく書きましたが、わりと長い間、日記は自照文学で、心の内をのぞき込んでそれを描き出すのが日記だと、自明のように言われていました。その「自照」の起源が、古典文学研究においては、池田亀鑑にあった。池田の師匠となる垣内松三が、東京高等師範の先生で、ヨーロッパから帰ってから「Selr-reflection（セルフリフレクション）」という言葉を教えたところ、池田は感銘を受ける。その経緯を吉野瑞恵さんなどが追跡しています。そして自照文学というジャンルが出来、それが日記文学の根幹になり、和文で書かれた『蜻蛉日記』や『和泉式部日記』などに、伝統的・ヴァナキュラーな"自照性"があるとして、高い文学性が認定されていく。そして大正以降、第一次世界大戦後にゲーテの「世界文学」がドイツから入ってきますが、それを日本の中で探していく時に、自照文学こそ世界文学である、日本独特の言語・文体で日本の心の内を描いた自照文学こそ、日本の世界文学である、と言われるようになりました。ここも丁寧に論じないとわかりにくいので、詳しくはオープンアクセスの前掲「散文の生まれる場所」をご参照ください。

ただ、私の新たに述べる"自照"はそうではなくて、文字通り心を鏡と捉え、その鏡に照らし出しだされる想念、思いなど、そこにいろんなものが写っては消えることを、『徒然草』序文のように書いたのが、本来の"自照"だったのではないか。そう論を立ててみたのです。用語と歴史の問題を、少しごちゃごちゃに話してしまったかも知れません。わかりにくくて失礼しました。

鈴木 いえ、それで見えてくることがあります。ヨーロッパには、というかフランス語圏には箴言で知られる、すごく内省的な日記があるじゃないですか。フレデリック・アミエルとか。歿後に内省の書が出て来て、こんなことを考えていた偉い人だったのかと注目された。キリスト教圏には、そういう世界があるんですよ。

他方で、20世紀初頭にアメリカのエマースンの日記が歿後に発表されて、思索の森が公表される。日本では国木田独歩が日記の一部を雑誌に公表したりする。そういうことが、青年の煩悶に答える修養の時代に起こる。他方ではニーチェの内的告白こそが芸術みたいに阿部次郎が「内生活直写」という語で語りはじめ、それを自分でやったのが『三太郎の日記』です。長く旧制高校生の必読書だった。こちらは20世記前期のことです。

関連していえば、『新潮世界文学小辞典』(1977) では、福原麟太郎がエッセイの項で、イギリスだったらエッセイに分類されるが日本だと私小説になると書いていたと思います。チャールズ・ラムの『エリア随筆』などで、いわば保守派の新風俗批判がエッセイの主題になっていたのです。『エリア随筆』はエリアの友人としてラム自身が登場する人を食ったところのある作品ですが。

久松潜一の話は、自分が大学で1920年代から「日記文学」を使って講義していたと昭和30年くらいに国文学雑誌に書いていました。それで1920年ころ「日記文学」の語がつかわれはじめたと『国史大事典』に出ていました。角川の方かな。

荒木 久松潜一が大部な『日本文学評論史』を書いています。かなり色んなことを講義で話した可能性はありますね。とりわけ東大において彼の影響は大きいと思うので、追い掛けてみたいと思ったこともあります。風巻景次郎について文章を書いたりしたので（前掲、井上編『学問をしばるもの』所収拙稿参照）。久松の書かれたものをみるとがっかりする部分もあるのですが、影響は大きかったようですね。安田敏朗さんに『国文学の時空―久松潜一と日本文化論』（三元社、2002年）という本もありますし。

兵藤 この鼎談の前に荒木さんが吉野さんの論に言及した個所を読ませてもらいました。元の論文を読んでいませんが、第一次大戦後の状況のなかで、日記文学が自照文学として再発見されて、世界的な文学が日本にもあったというのは、大正教養主義の問題としてはわからなくもないのですが、しかし第一次大戦までの大正初年ならともかく、大戦後のヨーロッパはアヴァンギャルドの時代です。日本でも詩や演劇がリアリズムを脱してアヴァンギャルドへ移行しようとする。昭和になって新劇リアリズムの元祖にされてしまった小山内薫でさえ、スタニスラフスキー的なリアリズムよりも、メイエルホリド的な前衛劇、ビオメハニカに関心を示したりしています（拙著『演じられた近代』2006年）。

国木田独歩の日記が没後に公表されたり、小山内薫がイプセン劇をはじめたりした明治末年なら話はわかるのですが、第一次大戦後の1920年頃、国文学者が告白とか自照性とか言い始めたのだとしたら、それは日本の近代文学史特有の一種のタイムラグでしょうかね。

鈴木 戦時下のダダから戦後のシュルレアリスムの展開を見ると、そうなのですが、第1次大戦後に広く話題になったのは戦場の記録ですね、レマルクの『西部戦線異常

なし』(1928)でもいいです。ある意味では日記的に進行するが、時系列は明確でなく、外部の戦場と内面の苦悩が対比的に進行する。その意味では内省的なのです。また、ジョイスやプルーストらの広義の意識の流れ(狭義は無意識の噴出)、あるいはD・H・ロレンスらのそれの評価が内面のとらえなおしのように評価され、日本古典の回想記のもつ多様な自意識の表現と短絡された可能性もあります。

荒木 なるほど。興味深い視点です。

鈴木 もうひとつ、日本では、土居光知が『文学序説』を出します。『英語青年』に連載したのをまとめるのが1920年です。マシュー・アーノルドらイギリスの詩と批評の研究を日本の古代に転用したもので、叙事詩、叙情詩、日記文学という三つのパターンの繰り返し史観をとっていますが、その「日記文学」が活字としては嚆矢かもしれないのです。そして案外、含みの多い曲者としてはたらいた可能性もある。全体としては、原始的演劇への想像力、出雲大社の高い舞台で演劇をやってるようなことを想わせるもので、なかなか魅力的です。

そののちも、イギリスの詩人、テニスンなどの詩から、アーサー王伝説の発掘につながる想像力も日本に届きます。というより、高木市之助の『吉野の鮎』(1941)の論考中の注を見ると、イギリスの詩人や批評家連中の論考を見ていることがわかります。それで彼は、日本の英雄時代を想定した論考があるのですね。日本には、王権から独立した英雄など、一人も登場しないのですが。

戦時中、国文学界の総力結集的な「標準日本文学史」があります。これからは日本の時代、新しい文学史が必要というコンセプトにたつもので、1944年、日本文学報国会編。久松潜一が筆頭です。

その「標準日本文学史」で『枕草子』が「我が国随筆の鼻祖」が復活するのです。その間、そんなこと言った人は少ないし、学会で承認されなかったはずです。「草子」は冊子の言い換えで巻子に対する形態上の概念というのは常識でしたから。最初にそれに近いことを言ったのは、三上参次・高津鍬三郎の『日本文学史』(1890)です。これは高津もいいますが、三上は『歌林四季物語』を鴨長明作として『方丈記』と並べている。『徒然草』も長明作としていましたね。あれは和文で宮廷生活の四季の変化を書いたもので、たしかに随想的なのです。『方丈記』と文体がちがう。それで、そうなったのでしょう。いまは偽書として扱われています。

その戦時中の「標準日本文学史」で、重しがとれたのでしょうか、有朋堂文庫という何度も出ているシリーズものがあり、「枕草子」「方丈記」「徒然草」「日本の三大随筆」説を読んで育った世代が、高校の文学史の副読本を手がけて、作品の形態に無頓着なことばがすっかりひろまってしまった。市古貞次さんは「方丈記」は「記」としっかり書いていますが。ああ、しかし市古さんだけかもしれない。

それはともかく、久松潜一は、それで戦後も第一人者として立っていた。まとめ役も上手でしたね。戦争責任みたいことをいう声もなきにしもあらずでしたが。1974年、ユネスコ・アジア文化センターが刊行した『日本の現代社会における伝統文化』と

いう本があるのですが、「伝統文化に対する日本人の態度」というアンケート調査の総括でも、「文学」の項を担当し、穏当なまとめをしています。その数年後に亡くなりましたが、第一人者としての活動期間の長さも驚くべきものがあります。

兵藤 第二次大戦後の国文学会は、古代前期（上代）、古代後期（中古）、中世、近世、それと近代という縦割り式の枠組みが作られて、それが今も続いています。その枠組みによって大学の日本文学科、国文学科という呼称はさすがに最近は減りましたが、日本文学関係の人事のポストが学会に割り当てられて、若い研究者もこの縦割り式の枠組みを再生産せざるをえないシステムが出来あがっていますが、この学会的な枠組みを作りあげたことに久松潜一は関わっていますね。

荒木 私は最初の就職が名古屋の大学で、当時、名古屋で久松のことを聞くと、私がイメージしていたのとはまったく違う評価で驚きました。久松は愛知県の生まれ育ちで郷土愛も深かったので、古書店でも、一部だけどとくに評論史や歌学史などは評価されて、値段が高かった記憶があります。ワクワクするような書き方じゃないですが。

―――― 若い頃は図書館で、久松を読んでいました。自然、必然的に置いてあった。

荒木 西郷信綱とか益田勝実などは、久松に習っている世代ですか。

兵藤 その世代では、江戸文学・演劇の研究者としてたいへん読ませる文章を書いた廣末保さん。鶴屋南北の再評価とかスプラッターの元祖のような土佐の絵金を発見した人ですが、西郷さんや益田さんも含めて、廣末さんも東大を追われたような人です。

鈴木 恨んでいる人もいっぱいいるでしょう。

荒木 当時はガチガチの講座制だから、シートが空いてないと、どんなに優秀でも出ないといけない。でも、なんかみんな恨んでますね。一時期、国語学の歴史を熱心に読んだ時期がありますが。大野晋も亀井孝もそうですし。

鈴木 大野晋は、日本人は総体としての自然概念がない、というとんでもなく見当はずれを『日本語の年輪』の巻頭に書いています。それをみんな信じちゃったみたいですね。戦時中に、美学の大西克礼が『万葉集の自然感情』（1944）で宇宙の生命との交感が万葉集で定式化したみたいなことを言っていた。その裏返しに陥ったと思います。

荒木 戦前の東大の国語学には、橋本進吉という絶対的なアカデミシャンとその門下がいた。それが、橋本の戦争末期の早逝もあり、後任に時枝が呼ばれて反発もあったようですね。でも逆にいまは、時枝言語学が視点を変えて評価されているところもあって。京城帝大時代の時枝の仕事が再評価されているところもあるようですね。

鈴木　時枝は朝鮮に朝鮮語、アルタイ語等を調べにいったはずです。

荒木　亀井孝からすると時枝は、フランス語を習う暁星中学を出ているのにフランス語がさっぱりで、ソシュールを読んでいるような顔をしてるけど、翻訳で読んでるからあちこち間違っている、というようなことを言ってる。全人的な大教授じゃないと、東大教授として務まらないのでしょうか。とくに帝大時代は。周りがみんな優秀で、我こそ後継者と思っているので、どうも悪口ばかり聞こえてくるような。

兵藤　講座制のもとで東大教授の時枝が、万年助教授の池田亀鑑をいじめ抜いたことは有名ですね。ソシュールの無理解から生まれたような時枝の言語論は、60年代安保当時の戦後詩人、吉本隆明によって持ち上げられたこともあって、自己表出とか表現 expression の問題に固執する人で時枝を評価する人は、いまだに跡を絶ちません。でも、時枝の同僚だった言語学者の服部四郎の批判で、ソシュールに対する時枝の無理解問題は片が付いていると思いますが、それでも時枝のいう主体や吉本の自己表出問題は、70年代の国文学界で表現論がはやったこともあって、いまだに信奉する人はいますね。

荒木　言語学の歴史としてはそうですね。ちなみに時枝は、「学者は自殺しない――ある酒場での会話」という戯曲を、なんと『国語学への道』というタイトルの本に載せています。学者と称している者はどんなに苦しんでも自殺しない、本当の研究者だけが死の苦しみを味わう、というような短いエッセイですが、戯曲になっている。どういうつもりで作ったのかわかりませんが。面白い人だったんでしょうね。

鈴木　ソシュールは構造主義＝記号論の枠組みにいらだっていたみたいに丸山圭三郎さんが組み換えに挑戦した。評価自体を大きく変化させた人たちがいたのですが、講義ノートを手探りするしかないので、わたしはすんなり了解できない。それより、佐藤信夫さんのレトリック論の仕事がすごい。意味論といっても鈴木孝夫さん的なものではなく、記号のもつ意味性にまともに嘴を入れて、レトリックが意味を浮動させることをついています。

荒木　佐藤信夫さんは、現役のときはどういう方でしたか。どこの大学の先生だったのか、とかあまり意識せず、本でしか知りませんが、私もそれなりに読みましたし、かなり影響がありましたよね。

鈴木　東大哲学科から国学院。わたしもそれ以上は知りませんが、岩波の『思想』の編集者がマークしていた。最後の仕上げの一冊は岩波でした。わたしはレトリック論シリーズは全部読みました。日本の現代小説のレトリックの掘り起こしは楽しいし、狙いどおりのすごい仕事。だけれど、肝心のレトリック論の西洋19世紀への展開を

閉ざしてしまったのが残念です。何で言語学者は、19世紀実証主義とスタティックな記号論とをベタベタにはりつけてしまうのか。19世紀後半のヨーロッパ芸術は多神教象徴主義が主流です。ワーグナーの楽劇が席巻し、マラルメはギリシャ神話を詩にするし。やがてメーテルランクの神秘的象徴主義が広がる。そこに至るまでに、フローベールはスピノザ主義で自由間接話法を開発した。チボーデの批評もあるのですが、フローベールは無理して比喩を自由につかっていないとか、書いています。

しかし、ソシュールがシャルル・バイイをジュネーブ大学の後任に据えたのはフローベールの自由間接話法にパロールの角度から切り込もうとして記号体系論に穴を空け、言語活動論に一歩近づいたといえるのではないか。言語学史上の出来事です。

荒木 先に名前が出た鈴木孝夫さんは、1993年頃、一度だけ、富山大学非常勤の集中講義でお会いしました。饒舌で楽しい方でしたが、なんとなく怖いような印象もありました。ところで小林英夫のソシュール翻訳も、戦前の『言語学原論』から『一般言語学講義』へと改訳され、私たちはそれでスムーズに読めました。丸山圭三郎の『ソシュールを読む』『ソシュールの思想』他も導きになりましたね。

兵藤 さきほど鈴木さんがチラと話された「自由間接話法」ですが、フロベールの文体に始まってプルースト以後の20世紀文学でさかんに意識された話法ですね。さっき漱石の「吾輩は猫である」が、アリストテレス以来の形式論理学の伝統的な命題形式「S is P」のパロディだと言いましたが、漱石よりも半世紀前に、フロベールが「マダム・ボヴァリーは私だ」と言ったそうで、そのすぐあとに「私は他者である」というランボーの名言も書かれています。

こうしたS is Pの論理学的な命題形式を解体してしまう発話は、近代フランス語のしがらみから脱しようとしたフロベールの「自由間接話法」を参照しなくても、日本語の世界では古典語でも現代口語でも別に珍しい語法ではないわけです。主語がねじれてしまう『源氏物語』の文体については、『源氏物語』を現代語訳していた谷崎潤一郎が「現代口語文の欠点について」(昭和4年)で述べていますが、「自由間接話法」という用語を『源氏物語』研究で最初に使ったのは清水好子さんです。

清水さんが初めて使ったということは、三谷邦明さんも含めて、源氏研究者で指摘している人は誰もいないと思いますが、清水さんが「自由間接叙法」という語を使っている箇所は、『源氏物語の文体と方法』のなかで一箇所くらいでしょうか。まだ京大の大学院生時代に書いた論文なのですが、清水さんはたぶん、フランス言語学の動向にも詳しかった泉井久之助の言語学の授業などでこの語を学んだと私は考えています。とにかく『源氏物語』の文体研究での清水さんのプライオリティは強調されてよい、現在も読み返すに値する優れた研究論文です。

鈴木 清水さんは、語り手と書き手がいるということははっきり指摘した。それはとてもすごいことですが、いわれているほど、その関係は構造的になっていないと思います。夕顔の葬儀の朝が「露けき」となるのは、語り手が霧のなかを歩く光源氏に感情

移入して語っているからですが、そして、そういうところはいくつもあるのですが、その語り手に書き手が乗り移っているときと、そうでないときがあるのかないのか。それは「自由間接話法」にたとえてよいのか、と。

　宇治十帖に入る直前、例の「竹河」の草紙地で、はっきり書き手が登場して言いますね。これまで語ってきた光源氏の生涯は、葵の上の周辺の女房から聞いたことだと。しかし、それには僻事が混じっているという人たちがいる、どちらが本当やら、と書き手はいいおいて、宇治十帖に移ってゆくわけです。

　「竹河」の段が何時書かれたのか、わたしにはわかりませんが、僻事が混じっているという人たちがいると語るところに物語のリアリティがあるとされるわけです。それを書いたのは清水さんでしょう。石田譲二さんが書いたとは思えない(「新潮日本古典集成」)。その意味はわかります。他方、紫式部がそこまで、これまで語られてきた内容をおぼめかすのは、なぜなのか、それが物語のリアリティなのか、と考えてしまう。では、宇治十帖は、誰かから聞いた話なのか、語り手ないし書き手はどうなっているのか。「竹河」とは構造のちがう語りになるのですね。ということは、『源氏物語』は語りのしくみが宇治十帖でかわるといってよい。それをはっきりさせないのは、紫式部の巻いた曖昧な霧に読者はまかれたままさまよっているのと同じではないか。

荒木　京大・教養部に渡辺実という国語学者がおられました。渡辺先生と大学で同窓だった清水さんは、ほんとにライバルだったようです。清水さんは文学で、渡辺先生は言語学ですが、京大では国語学国文学専攻として同じ講座で学びます。渡辺先生の講義に出ると、清水さんの話がよく出ました。あの頃は女性の大学入学の制限の問題があって、学歴がずれているなかで、優秀だけど遅れてきた、年上の秀才という存在だったので、意識されていたようです。

鈴木　『ボヴァリー夫人』では、エンマが夜、ヨンヴィルの別荘の建物に、一人でドアを開けて入ると、新しい漆喰の匂いが鼻を衝く。階段を昇るとギシッという音が聞こえる。上を見上げると窓から差してくる月光が見える。五官の感覚のリアリティでエンマの内面が語られてゆきます。そういう文章が続くと、「サロンはにぎやかだった」と書かれても、それが語り手による客観描写なのか、エンマの実感なのか、判断がつかない。

兵藤　それにふさわしい文体が「自由間接話法」ですね。10年ほど前に岩波文庫から『失われた時を求めて』の新訳(吉川一義訳)が出はじめたとき、フランス文学会が2014年度の東北大学での大会で、「自由間接話法」をテーマにして3日間の大がかりなシンポジウムをやりました。そのシンポジウム報告はネットで簡単に読めます。国文学でたぶん初めてこの用語を使った清水好子さんは、『源氏物語』の橋姫巻から例文をあげて、作中人物の声とも語り手の声ともわからない文を「自由間接叙法」として説明しています。こうした話法・叙法は『源氏物語』には無数に出てきます。

荒木　そうですか。改めて清水好子さんの研究を再読してみます。

鈴木　プルーストの場合は、自分の記憶のなかをまさぐってゆくわけです。行為している人物、一人一人の一人称視点をたどってゆくのとちがいます。「ボヴァリー夫人」の場合は、主要登場人物のそれぞれをその内部から語るのです。ボヴァリー医師にも、森番の青年にも、いわば乗り移ってゆくわけです。

兵藤　そういう叙法を一言で言い当てようとしたのが、また小林秀雄を出しますが、「私小説論」で言っている決めゼリフ「マダム・ボヴァリーは私だ」ですね。

鈴木　小林秀雄は、フローベールのナラティヴにまったく気を使っていないと思います。「マダム・ボヴァリーは私だ」のあとに「でも私ではない」とありました。小説『マダム・ボヴァリー』が起訴されて、無罪になったのちの記者会見の最後の決めセリフだったと記憶していますが。「夫人のロマン主義はわたしも共有する。が、小説の作家であるわたしは夫人を裁きもした」とでもとればよいでしょう。最後はエンマに服毒自殺させますから。小林はその片方だけを決め台詞にした。

兵藤　ナラティブの問題は小林の「私小説論」では自明すぎる問題だったから、話法や叙法について特に言わなかったのでしょう。小林のあの論が書かれた頃は、文芸批評家の保田与重郎が、主語・述語問題とか「私は○○である」の命題形式などをすっとばしたような不思議な文体で一世を風靡していましたから。

──　セルフという概念はないですよね？

荒木　どう訳すかですが、「我」はあるわけですし。

──　我の概念はどういうものですか。

荒木　そこは難しいですね。我と言ったり我が身と言ったり。ジェンダー、時代、ジャンルによっても。和歌に「我」は不可欠ですが、先ほど名前を出した渡辺実によれば、『蜻蛉日記』の作者は、書いている自分と、作品の中に描かれている私に区別がない。例えば、我々だと「私の目の前に山本さんがいます」と書きますが、『蜻蛉日記』ではそのように固有名を呼ばずに、「かのところ」と書いたかと思えば、「かのめでたき所」、「めざましと思ひし所」、「にくしと思ふ所」など、自分との関係性だけで表現してしまう。それは、当時の自分と書く自分という、まさに、我の分離がないのでそうなる。セルフがない、というか、セルフのような分離した自己はない、というか。

鈴木　回想の時点は三か所あります。が、記憶を想起してそのなかに浸って、時間の流れにそって、たどっているわけですね。それがいつのことかも書かない。日めくり

もないし、書付があったのかどうかもわからない。記憶が想起されてゆくだけですね。一度、語りに入ってしまうと。

『和泉式部日記』の場合は、主人公を「女」としていますね。そして、自分で経験した以外のこと、後から聞いてわかったことも、そのときのこととして書いてしまう。最初、早朝、為尊親王が庭の木戸を訪れてくる。それは誰かわからない。おつきの下女も気がつかなかった。だが、それが為尊親王だったことはわかるように書いてあるわけです。その場合、『蜻蛉日記』のように回想している意識のなかに語り手がいるわけではなく、書き手が書き手として語られる内容の外に存在している。そのときの自分の意識の状態を把握して、書いているといえます。いわゆる「日記文学」には、作品ごとにちがいがある。それらを比較してゆくことが問われているのではないかと思います。『和泉式部日記』はなぜ、物語型式で書かれたのか。それを問わないと。

『建礼門院右京太夫集』は、歌日記を編みながら追憶が次々に重ねられてゆく。うたはあるわけで、それがきっかけになっている。それは読者にはわかる。『蜻蛉日記』もうたはでてくるのですが、回想の中にでてくるので、執筆者の外部に存在していないように感じられます。

『ボヴァリー夫人』の場合の「自由間接話法」に戻りますが、フローベールがスピノザ的汎神論者だったからです。神は一人ひとりに遍在し、それぞれの世界が作られているという考えを小説の語り方に実現している。そう考えています。別の作品では、自然はまったく人間とかかわりない表情をしているところもある。彼がスピノザ主義者だったことは書簡を読めばわかります。作家は自分の意見を書いてはならない、という。総ては神がうごかしているのだから、みたいなことを友人あてやジョルジュ・サンドに宛て書いています。とくに21世紀に入って出た書簡集では、はっきり誰にでもわかるように書いています。

ハンス・ロベルト・ヤウスは『挑発としての文学史』の「ボヴァリー夫人」論で、「マダム・ボヴァリーは私だ」にふれていなかったと思います。同じ姦通事件をめぐるスキャンダル小説が何本も出たなかで、フローベールの作品が、どうちがったのかを分析した論文です。そんなセリフが有名になったのは、日本だけではないでしょうか。

そもそもは、横光利一がアンドレ・ジィドのストエフスキー論から思いついた方法、新しい私小説の方法を提案したことに対して、小林秀雄は、小説技法の問題ではなく、日本の精神風土の問題、実証主義が文壇に根付かずに、俳句的な心境小説が蔓延してしまったから、と答えた文章の最後を、そんなふうに飾ったのです。それが「私小説」論議の第二ステージです。そして舟橋聖一の「私小説伝統」論、「日記文学」から地続き論は、その年の秋に出るわけです。彼は国文科の出身で、藤村作のお弟子で、作家としても活躍していた。

兵藤 フロベールの20年後くらいに、じぶんを「見者」「見え過ぎる者」と述べたランボーが、「見者」であることの苦痛を記して、「私は他者である」と書いています。『吾輩は猫である』の漱石が、ランボーのこの「見者の手紙」を知っていたかどうかわかりませんが、小林秀雄はランボー研究から入った批評家ですから、小林のエッセイでく

り返される「見えすぎる」「切れすぎる」なども、ランボーあたりに示唆を得たのでしょう。坂部恵さんの有名なペルソナ論もランボーあたりに示唆を得たようです。

　本誌2021年秋号に、「言文一致体の起源」というエッセイを書きました。18世紀にアカデミー・フランセーズによって規範化された近代フランス語にたいして、フロベールやランボーが、標準化・平準化される言語へのアンチテーゼとして、S est Pの命題形式を転倒するようなフランス語を書く。日本近代の文章語、言文一致体の形成に大きな影響をあたえた二葉亭訳『あひびき』の作者ツルゲーネフはロシア貴族として一年の半分をフランスで過ごしている。パリのサロンでフロベールとも交流があったようですが、ツルゲーネフはフランス近代の古典的な小説文体でロシア語小説を書いた。およそドストエフスキーなどとは異質でしょう。

　二葉亭が翻訳したツルゲーネフ『あひびき』は、「秋九月中旬といふころ、一日自分がさる樺の林の中に座してゐたことが有ツた」で始まります。国木田独歩の『武蔵野』をつうじて明治30年代の小説文体に大きな影響を与えた翻訳調の口語文体ですが、こうした主語を明示する文体は、絶対王政下で規範化された近代フランス語の文体でしかないことは、フランス文学者でもある松浦寿輝さんの『明治の表象空間』がクリアに論じています。フランス語はラテン系言語ですから、こうした命題形式のセンテンスは近代になってかなり人工的に作られたものであって、ましてやロシア語ではありえなかった文章でしょう。

　二葉亭本人は、後年の回想録でツルゲーネフとドストエフスキーの二人の文体を真似たといってますが、『浮雲』第三篇の「……た」「……た」で終わる三人称客観の文体、例えば内田魯庵によって「全部にたるみがあって気が抜けてをる」と酷評されたあの文体は、フランス近代の古典的文体に源流があるわけで、それを近代の唯一の小説文体と勘違いしたところに、20世紀の日本の近代小説は始まってしまう。二葉亭はドストエフスキーもツルゲーネフもよく読んでいましたが、けっきょくツルゲーネフを選んだことが、明治30年代つまり20世紀になって本格化する日本語の近代化、言文一致化問題にとって重要な問題だった。その直前の明治29年に一葉は死んでしまうし、露伴は小説から撤退してしまうわけですが、このへんのことに早くから気づいていたのが、以前本誌に書いたように、形式論理学のS is Pをパロディ化した漱石の『吾輩は猫である』だったわけです。

鈴木　フランス象徴主義の「私は他者だ」はネルヴァルからです。ツルゲーネフはパリで外光派の画家たちが外で描いているのを見たのです。そして、彼も、パリに逃げていった口でしょう。農奴の娘を妊娠させたといわれています。彼の短編「あいびき」で語り手が立ち聞きする話は、実は、自分と農奴の娘との会話だったとも考えられます。しかし、彼の作品集がロシアの農奴解放の提言のきっかけになったのも確かです。二葉亭のツルゲーネフの翻訳も改訳し、こなれのよいものにしていくうちに、「〜た」止めに混ぜた「〜ている」止めがあっというまに口語体小説に広がりました。鴎外も最初の口語体から使っています。

　そして独歩も蘆花も、光景の時刻につれた変化を描きます。これは定点観察で

が、独歩の「武蔵野」（もと「今の武蔵野」1898）の語り手は、歩きながらの景色の変化を肩掛けカメラで映すみたいに描いてみたりしています。まだ移動式カメラの映像も見ていないと思いますが。そして、焦点は夏の熱気のなかに意識が朦朧となるところに一種のエクスタシーを覚えるところです。自意識を消して、いわば感覚器と化しています。とくに聴覚ですが。足元から犬が立つので、語り手がベンチに座っていることがわかるくらいの書き方です。

そして、「忘れえぬ人々」（1898）では、「主我の角がぽきりと折れて、万物に対する同情」という語がでてきます。万物に感情移入することと理解してよいですが、それはいっておきます。独歩一人捕まえられずに来ていたのですよ、戦後の文芸批評は。

荒木さんの報告に、漱石の『方丈記』訳にふれたところがありましたが、あれは1892年に講演「ワーズワースと鴨長明」を行った英語の教師のジェイムズ・メイン・ディクソンから頼まれたものでしょう。そのころ、欧米で、いわば郊外生活に焦点を当てる動きがあった、デイヴッド・ソローの『ウォールデン　森の生活』（1854）の反響も広がっていた。南方熊楠の訳もそういう動きのなかのこととらえてよいのではないかと思っています。

震災後に『方丈記』が浮上したのは、芥川龍之介が焼け跡見聞記の最後で冒頭部をあげたのが大きいと思っていました。わたしは1920年代の五十嵐力はまったくマークから外していました。そういうふうに古典評価は、近現代の評価史と関連させてつめてゆくのがむつかしいところがたくさんある。それはみんなで寄せ合いながら進めてゆくよりない。

明治期「言文一致」体についても、これまでの通説を、かなり訂正しなくてはならない。1880年代後期、二葉亭四迷ら小説家が口語常体（「〜た」止め）を用いて言文一致運動のきっかけをつくったが、二葉亭らが用いた口語体（「〜た」止め）は、江戸時代には笑話などに用いられていたもので、品位がないと退けられた。室町後期から、浄瑠璃や狂言など芸能、イエズス会の口語訳『平家物語』『伊曾保（イソップ）物語』は「天草本」と呼ばれていたことはよく知られる。だが、今日でも国語学者のなかには、江戸時代の口語体は、「素朴な言文一致」のようにいい、明治期のそれとは区別する見解が強いようです。

文芸界の言文一致体は一時期下火になったが、むしろ尋常小学校（義務教育、四年制）の教育をめぐって学齢相当の教育を求める声が高まり、20世紀に入った年、国会も動かした。

文部省は、検定教科書の採用をめぐって贈収賄事件が発覚したため、1903年、国定教科書を開始する。口語の常体と敬体を尋常小学校三年生用の『国語読本』教科書に各種の口語、常体に「〜た、〜だ」「〜である」止め、敬体に「〜です、ます」「〜でございます」止めなどを許容した。これで制度において口語体が認められたことになる。（鈴木貞美『エクリチュールへ：明治期「言文一致」神話の解体、三遊亭円朝考』〔知の新書、文化科学高等研究院／読書人、2023〕の見解を、ここに改める。）

日露戦争を超えると、政治論文、学術論文を除いて、いわゆる言文一致体が知識層にも広がったとき、中学生のあいだに美文ブームが起こる。なぜか。文章規範がわか

らなくなったからです。社会へ出て通じる実用的な文章、ちょっと気が利いた小品文など、どうやれば書き分けるのか、投稿雑誌が流行ります。博文館の『文章世界』もその一冊でした。「美文」のハウトゥーものが陸続と出された。各社が一年に用途別に何冊も出しています。

　日露戦争後、知識層も政治論文・学術論文には漢文書き下し体を用いたが、それ以外に口語常体（「た、だ、である」止め）を盛んに用いるようになった。新聞の一般記事は欧州大戦（第一次世界大戦）が終結し、「帝国主義の時代は終わった」といわれた1920年頃、新聞社の申し合わせで、口語常体になった。

　ところが、1931年9月、満州事変の開始を告げる戦闘がはじまると、新聞の第一面にまた、「敵陣、撃滅せり」などの硬い漢語の書き下し体が踊りはじめる。日中戦争、対米英戦争期を通じて激戦が続くと新聞の紙面、雑誌の誌面は真っ黒に見えるほどだった。したがって、第二次大戦後、国際連盟の進駐軍の指揮下に、『日本国憲法』が用いたことにより、口語常体がはじめて日本語の標準文体となった。

兵藤　いろんなことを話されましたが、新しい文体の成立は、ヒトの自己認識とか世界認識のあり方に関わる問題でしょう。自己や外界をどのように捉えるかという問題ですが、岩波書店から翻訳が出たウンベルト・エーコの『文学について』（2020年）から、フロベールの文体について述べた箇所を少し引用します。「フロベールにとって、文体とはみずからの作品をつくる方法であり、思考方法や世界の見方を示す手段であった。したがってプルーストにとって、フロベールは、単純過去や複合過去、現在分詞や半過去の新しい使い方をとおして、ほとんどカントと同じくらいわたしたちの物の見方を革新した作家なのだ」（和田忠彦訳）。

　たぶんそのとおりなのでしょう。わたしはフランス語に堪能でないので残念ですが、エーコが述べるように、フロベールの文体にはアカデミックな文法規範を脱構築してしまうような言表が随所に現れる。さっき述べたことと重複するかもしれませんが、フランス語は17世紀末に文法の統一と純化が進められた。書き言葉には主語人称代名詞の使用がほぼ強制され、人称・時制・話法の一致が求められ、言表は文（フラーズ）単位できっちり分節化されてゆく。16世紀のラブレーの小説に氾濫していたような過剰な語彙は整理されて、標準的・正統的な語彙を網羅的に定義した『アカデミー辞典』（1694年以降）の成立となる。

　近代語として純化され統一された標準的なフランス語が成立するのですが、こうした言語規範の成立は、フランスが他のヨーロッパ諸国に先駆けて、一言語・一民族・一国家の国民国家（エタ・ナシオン）を成立させる基盤となるわけです。国家の主導のもとで成立したそのような言語規範を脱構築したのが、ウンベルト・エーコが述べるように、19世紀なかばのフロベールの文体だったというわけです。こうしたエーコの議論については本誌2021年10月号掲載の拙論「言文一致体の起源」で言及しました。

　それから世界認識と文体ということでは、19世紀の西欧の言語学では、西洋語（や中国語）のS・V・Oの文法形式が、日本語や朝鮮語のようなアルタイ系諸語のS・O・Vよりも言語的に優位だとする論が行われました。それに関連して、言語学者の鴛尾龍

一さんの『日本文法の系譜学』(2012年)は面白く読みました。また明治初期の文体改良の問題として、漢文学者の斉藤希史さんが『漢文脈の近代』(2005年)で論じた「普通文」「今体文」の問題はどう考えますか。漢文訓読を基調とした明治初期の文体が、当時「普通文」とか「今体文」とか言われたわけですが、そういう漢文訓読調が普く通用すべき「普通」文とされ、法令や大新聞の文体とされた背景にも、S・V・Oの西欧語からのアナロジーが働いたと思われます。

鈴木 前にバイイがパロールの立場から論じたといいましたが、『マダム・ボヴァリー』などはすごくわかりやすい話体です。それはともかく、明治期に「普通文」といわれていたのは、明治政府が公用文に用いた硬い漢文書き下し体に対して、ジャーナリズムでむつかしい語彙や古い言いまわしを減らし、俗語を混ぜて平易化していたものを称して、とみてよいと思います。坪内逍遥などは「漢文くづし」や「和文くづし」などの通称も用いていますが、どちらも「なり、たり」止めで、いわゆる文語体です。

齋藤希史さんは、たしか民友社の翻訳調や漢文書き下しに言及していたかとおもいます。徳富蘇峰や山路愛山らは、史伝、歴史評論を書くとき典拠をあげ、駢儷体を用いる漢文書き下し体のレトリックも駆使していました。山路愛山と論争した北村透谷も詩では駢儷体を駆使しています。かなりひねったものもある。頼山陽の影響は明治期にも大きかったのです。

ただし、明治中期に「欧文直訳体」を強調したのは、立憲改進党の矢野龍渓です。「政治小説」と呼ばれていますが、テーベの民主主義をめぐるイギリスの歴史研究のなかから、場面描写などを選んで小説化したものです。英雄豪傑の活躍ではなく、平原に展開する軍隊を鳥瞰し、その細部の槍の光などリアルな描写(description)を含めて実直な漢文書き下し様式で書いたのが特徴です。関係節がはいるので、日本語としてはこなれないが、それでいい、としている。慶応閥の翻訳者のあいだで、森田思軒のいう「稠密訳」、詳しい描写ができる漢文書き下し体の翻訳が発展します。これは比較文学で研究されてきたことです。

矢野龍渓は、彼自身の論説には駢儷体も用いますが、会話などには和文体と俗語体も数えています。それを雅俗折衷体といっていたのです。その文体の呼び方、数え方が人によって、当時まちまちだった。彼らの欧文直訳体も文体様式としては、漢語の多い漢文書き下し体なのです。そして駢儷体は、文語体・口語体を問わず、大正期まで確実に追えます。徳富蘆花も『みみずのたはごと』(1912)で用いています。これは関東大震災ころまでロングセラー、ベストセラーです。進化論もエネルギー一元論も般若心経を「宇宙の生命」(universal life)という観念でまとめてしまう生命主義の民間哲学と見ています。

他方、口語体でも七・五調は引き続き用いられていた。漱石の「草枕」の冒頭、これは俳文の流れが大きいと見ています。それからお雇い外国人たちは、英語の翻訳は、テンスに集中していました。日本人の教科書は最初、英文に返り点を打ったのがあります。漢文の構文で英語を受け止めたのです。何で何を受け止めるか。受け止める土台と相手の発想が逆なのです。

要するに、古代から近現代まで、各時代に即して、文芸ジャンルの展開、文体様式の展開を辿りなおすことを心掛けています。みな近代の、あるいは戦後の議論にからめとられてきたことを、前近代については国民国家の外に出て、整理しようとしています。近現代についても、戦後的思考法のゆがみを対象化しながら進めてゆきたい。まだまた、手繰りのところがありますが、新しい分析メソッドの開発のつもりで取り組んでいます。

荒木　近世については今、大航海時代以降の日本における、キリシタンと仏教との関わりに興味があります。たとえば最近追いかけているのは、仏教の始まりの伝承において、ブッダが生まれたことにより、母の摩耶夫人が亡くなりますが、キリシタンが、この仏伝の意味をめぐって、キリストの誕生におけるマリアと比較したりして興味深い原罪解釈をしていくこと、とかです。袋中という僧侶が『琉球神道記』に興味深いブッダの伝記を載せていますが、琉球はキリシタンが通った海路にあるので、琉球自体の伝承も、また台湾、東南アジアなどの中世末期の仏教史との関連も面白い。また、不干ハビアンの信仰と転びをめぐる、ブッダ伝の解釈も面白いです。ハビアンをめぐっては地球儀やプリズムのことなどもあり、地球は丸いということを日本人は知らない、と述べるフランシスコ・ザビエルの書簡もあります（『古典の未来学』荒木序論参照）。そこからあらためて、ザビエルのアジアや仏教をめぐる言説も、私の最近の関心です。地球儀は私の本の書名でもあり、永遠のテーマでもありますしね。ただやはり私には、近世は遠いです……。

　　　　　　　　　　（2024年7月に行われた鼎談をもとに、加筆修正した）

【注】
1　『中世文学』67、2017　https://www.jstage.jst.go.jp/article/chusei/62/0/62_62_24/_article/-char/ja/ でオープンアクセス
2　https://www.waseda.jp/flas/cms/news/2016/09/09/2529/
3　(DOI https://doi.org/10.22628/bcjjl.2023.17.1.43)
4　『日本研究』第57集、2018年3月　https://nichibun.repo.nii.ac.jp/records/6958 でオープンアクセス 5　この問題については、前掲の拙著『〈声〉の国民国家——浪花節が創る日本近代』(序章、第七章等)に述べた。

■ 基調報告資料としての文学史・文献リスト　　作成：荒木 浩

＊このリストは、基調報告者が対象とする時代範囲をゆるやかに表示し、参照する便宜として拵えた、当座のメモの改訂版である。荒木『京都古典文学めぐり』（岩波書店、2023年）付載の「京都文学年表」に基づきながら、その900年前後以降の部分（座談配布資料では1000年からとしたが、文学史の連続性の把握のために少し上限を拡げた）を抜粋・補訂する流れで作成した。

＊「京都文学年表」は、『京都古典文学めぐり』で取り上げた古典作品と、その解説文の中で言及した関連文献などをおおむね時代順に並べ（成立年代の特定が難しい文献も多いので、ジャンルなども考慮して配置している）、同書味読の道標として付載した簡易年表である。本リストは、その主要を摘記し、記述もより簡易とした。読解の導きとして各作品の通行本なども付記したが、研究史や情報の網羅を期すものではない。また著名作品について「詳細は本文で」などと誌した「本文」とは『京都古典文学めぐり』の記述を指す。本リストの総体的な理解には、同書全般の参照を乞いたい。

９００年前後〜

- 『竹取物語』……成立年代未詳だが、『源氏物語』絵合巻に「物語の出で来はじめの祖（おや）」と誌される記念碑的作品。後代の物語にも多くの影響を与えた。新日本古典文学大系、旺文社文庫他。
- 『伊勢物語』……在原業平（825-880）とおぼしき「男」が中心的な活躍をする、一代記的構成の歌物語。『古今和歌集』との前後関係なども含めて、作品総体の成立年代は未詳。新日本古典文学大系、日本古典集成他。その影響は大きく、後掲の『大和物語』や、平貞文（923年没）を中心人物と設定する歌物語『平中物語』（新編日本古典文学全集他）なども出現した。
- 『古今和歌集』……延喜五年（905）編纂の史上最初の勅撰和歌集。和歌の歴史に大きな影響を与え、その古注釈類も文学や文化の形成に大きな力を持った。本書以降『後撰和歌集』『拾遺和歌集』『後拾遺和歌集』『金葉和歌集』『詞花和歌集』『新古今和歌集』までの勅撰和歌集を八代集と呼び、和歌文化の精髄となる。新日本古典文学大系他。
- 『土佐日記』……承平五年（935年）頃成立。土佐守であった紀貫之一行が土佐を出て、京都へ帰還する旅を描く。『古今集』編者で仮名序作者の貫之が「男もすなる日記といふものを、女もしてみむとてするなり」と設定して書き出す、仮名文学史上、最重要作品の一つ。新日本古典文学大系他。
- 『拾遺抄』『拾遺和歌集』……『拾遺和歌集』は、花山天皇が退位後に編纂したとされる勅撰和歌集で、三代集（古今・後撰・拾遺）の一つ。藤原公任撰『拾遺抄』を受けて成立したとされる。新日本古典文学大系、岩波文庫他。
- 『大和物語』……さまざまな主人公の歌物語が、説話集のように配置される歌物語。十世紀半ば以降の成立か。新編日本古典文学全集他。
- 『うつほ物語』……『源氏物語』に先行する長編物語。作者未詳。十世紀後半の成立か。

中国、波斯国、インドなど海外も描き、音楽も重要な主題となる。新編日本古典文学全集他。
- 『住吉物語』……『落窪物語』とともに、古代によく知られた継子譚の物語。現存する同名の物語は、鎌倉時代初頭の改作本だといわれる。新日本古典文学大系他。
- 『蜻蛉日記』……女性の日記の嚆矢的存在。作者藤原道綱母 (995年没) は、道長の父藤原兼家との間に道綱を産んだ。『更級日記』作者の伯母にあたる。天暦八年 (954) —天延二年 (974) の記事がある。新日本古典文学大系、岩波文庫他。
- 『往生要集』……比叡山横川の恵心僧都源信が著した浄土教・往生の指南書。後世、近代に至るまで、地獄の描写や往生をめぐって、大きな影響力を持った。寛和元年 (985) 擱筆 (跋文)。源信は慶滋保胤の『日本往生極楽記』などとともにこの書を宋へ送り、その評価を願った。鴨長明は方丈の庵にこの書の写本を持ち込み、座右の書とした。日本思想大系『源信』他。
- 『三宝絵』……序によれば永観二年十一月、源為憲 (1011年没) が天元五年 (982) に落飾した冷泉皇女尊子内親王 (966-985) に奉じた仏教の入門書。平安時代の高貴な女性と「絵」の関わりについて言及した記述も重要。新日本古典文学大系他。
- 『本朝法華験記』……比叡山延暦寺首楞厳院の沙門鎮源撰。序によれば、長久年間 (1040〜44) の成立。『法華経』の霊験譚を収集する。『日本霊異記』『三宝絵』『日本往生極楽記』などとともに『今昔物語集』の中心的出典の一つ。日本思想大系『往生伝 法華験記』。
- 『池亭記』……『日本往生極楽記』の著者でもある慶滋保胤 (1002年没) が自分の邸宅・池亭を描いた天元五年 (982) 十月成立の「記」。鴨長明『方丈記』に絶大な影響を与えた。新日本古典文学大系『本朝文粋』他。

１０００年〜

- 『枕草子』……一条天皇中宮の定子 (977〔976とも〕〜1000) に仕えた清少納言の書。歌の本としても読まれた。父は梨壺の歌人として『後撰和歌集』の編者ともなった著名な歌人・清原元輔。新日本古典文学大系他。
- 『和泉式部日記』……大江雅致の娘、和泉式部の日記。詳細は本文に記した。新日本古典文学大系他。
- 『小右記』……藤原氏小野宮実資 (957-1046) の日記。大日本古記録。
- 『御堂関白記』……藤原道長 (966-1027) の日記。道長は関白にはなっていないが、こう伝称される。大日本古記録他。これら古記録には、東京大学史料編纂所や国際日本文化研究センターなどのデータベースがある。
- 『和漢朗詠集』　……藤原公任 (966-1041) が和漢の詩文の名句と和歌を集めて分類し、朗詠の素材とした。後世よく読まれて古注釈書も多く生まれ、それらは教科書 (幼学書) ともなり、和漢文化をめぐる教養の基盤となった。角川ソフィア文庫他。
- 『源氏物語』……詳細は本文で言及した。新編日本古典文学全集、岩波文庫他。
- 『紫式部日記』……『紫式部日記』には、その書き手 (日記作者) が『源氏物語』の作者であることが明記される。詳細は本文で言及した。新日本古典文学大系他。なお古絵巻が残り、その「絵詞」は重要な本文を伝える。日本絵巻大成他。
- 『赤染衛門集』……大江匡衡 (952-1012) の妻、赤染衛門の私家集。和歌文学大系他。
- 『後拾遺和歌集』……白河院の下命により藤原通俊撰。応徳3年 (1086) 奏覧。院政期初

の4番目の勅撰和歌集。紫式部の世代の歌人たちが初めて登場する。新日本古典文学大系。
- 『更級日記』……『蜻蛉日記』作者の姪にあたる、菅原孝標女（1008年生）のメモワール的一代記。最終記事が康平2年（1059）なので、それ以降の成立。夢の記述が多く、作者の往生を暗示する構成を有する。新日本古典文学大系他。
- 『夜の寝覚』……平安後期物語の代表的作品。菅原孝標女の作と伝える。ただし現行本は中間と巻末に大きな欠落があり、さまざまに復元が試みられている。日本古典文学大系、新編日本古典文学全集他。
- 『浜松中納言物語』……平安後期物語。菅原孝標女の作という。現存本には、巻頭の欠損が想定されている。唐の国への転生という興味深い話柄がある。夢も重要な機能を果たし、『更級日記』の夢描写との比較も注目される。日本古典文学大系他。
- 『狭衣物語』……平安後期物語の代表的作品。日本古典文学大系、日本古典集成他。
- 『作庭記』……日本最古とされる庭園の秘伝書。平安時代後期の成立か。日本思想大系『古代中世芸術論』。
- 『本朝文粋』……藤原明衡撰。康平年間（1058-65）成立か。嵯峨天皇の弘仁期から後一条朝の長元期まで、200年以上にわたる427編の漢詩文を集める。新日本古典文学大系。
- 「宇治大納言物語」……源隆国（1004-77）撰という散佚説話集。『今昔物語集』や『宇治拾遺物語』などが成立する重要な母胎的存在となった。
- 『栄花物語』……歴史物語。全40巻中、正編30巻の作者は赤染衛門とされる。宇多天皇の時代から、堀河天皇代の寛治6年（1092）2月までを描く。『紫式部日記』など、先行書の影響を受けて成立。日本古典文学大系、新編日本古典文学全集。
- 『大鏡』……鏡物と呼ばれる歴史物語のさきがけで、『今鏡』『水鏡』『増鏡』とともに、四鏡と称される。日本古典文学大系、新編日本古典文学全集。
- 『大鏡裏書』……『大鏡』の古注で、『大鏡』の記述の前提となる、散佚した史書や史料などを引用しており、独自の価値がある。日本古典文学大系。
- 『扶桑略記』……比叡山東塔の僧皇円撰とも伝える私撰史書で、神武天皇より堀河天皇の寛治8年（1094）までの歴史を記録し、仏教の視点からの記述も注目される。全30巻だったというが（『本朝書籍目録』）、現在は、散佚して、16巻分が残り、神武から平城までの抄本も所存。古逸史料の引用など、資料性も高い。新訂増補国史大系。
- 『日本紀略』……平安時代末期ころ成立の史書。全34巻。六国史の抜粋と六国史以後後一条天皇までの歴史を記す。新訂増補国史大系他。

１１００年〜
- 『周防内侍集』……平棟仲（およそ11世紀前・中期ころに活躍した和歌六人党と呼ばれる歌人の1人）の娘、周防内侍（1109年ころ没か）の私家集。『徒然草』138段に引用される。新編国歌大観他。
- 『袋草紙』……12世紀半ば成立。六条藤家の藤原清輔（1104〔1108とする異説あり〕-1177）作の歌学書。新日本古典文学大系。
- 『江談抄』……大江匡房（1041-1111）の言談集。藤原実兼筆録。古本系と類聚本系があり、『今昔物語集』以下、諸書に引用される重要書。新日本古典文学大系他。
- 『中外抄』『富家語』……ともに藤原忠実（1078-1162、藤原頼通の曽孫）の言談録。それぞれ中原師元、高階仲行筆録。忠実が「宇治大納言物語」の読者であることも証される。

新日本古典文学大系他。
- 『今昔物語集』……12 世紀成立、全31 巻だが、8、18、21 の3 巻を欠き、28巻が現存する。編者未詳。天竺・震旦・本朝の各部から構成され、1000 話以上を有する巨大な説話集である。新日本古典文学大系他。
- 『古本説話集』……成立年代・編者未詳。鎌倉期の写本が残る仮名説話集。「宇治大納言物語」の系譜に連なると考えられ、『今昔物語集』や『宇治拾遺物語』などと同文的な同話を多数共有する。『打聞集』という院政期写本の仏教説話集も、関連する重要な存在である。新日本古典文学大系他。
- 『世継物語』……「小世継」とも。編者未詳。鎌倉時代成立の説話集だが、「宇治大納言物語」の系譜に連なるため、ここに掲げる。続群書類従、『世継物語注解』。
- 顕昭『古今集注』……六条藤家の藤原清輔義弟の顕昭(1130 年ころ生か)による『古今和歌集』注釈書。顕昭は鴨長明との交流もある。日本歌学大系。
- 『六百番歌合』……藤原良経(九条兼実の子)が主催し、建久4 年(1193)に行われた歌合で、翌5 年の完成か。本文でも引用した「源氏見ざる歌詠みは遺恨の事なり」という判辞(藤原俊成)などがよく知られ、後世への影響力も大きい。岩波文庫他。
- 『水鏡』……四鏡の1 つ。12 世紀終わりころの成立か。作者については中山忠親説他がある。『扶桑略記』の影響のもとに成立。新訂増補国史大系、新典社校注叢書7他。
- 『源氏物語絵巻』……院政期成立の美しい絵巻。『源氏物語』の古写本としても重要である。五島美術館、徳川黎明会他に所蔵。日本絵巻大成他。
- 『建礼門院右京大夫集』……建礼門院徳子(1155-1213)に仕えた女房の歌集。作者は『源氏物語』の古注釈『源氏釈』を作った藤原伊行の娘。岩波文庫他。

1200年〜
- 『二中歴』……全13 巻。百科全書(類書)。鎌倉時代初期成立か。『掌中歴』と『懐中歴』を合わせて編輯したのでこの名がある。改定史籍集覧、尊経閣善本影印集成、国立国会図書館デジタルコレクション。
- 『無名草子』……13 世紀初頭の成立か。俊成女の作と伝えるが議論がある。老尼が、最勝光院で女房たちの語り合うのを聞いて記したという構成をとり、物語や平安貴族を評論する。新編日本古典文学全集他。
- 『新古今和歌集』……8 番目の勅撰集。後鳥羽院が和歌所を復活させ、鴨長明も寄人として参加した。その和歌所から、源通具・藤原定家ら6 人に撰進の院宣が下って成立した。実際は後鳥羽院の親撰に近いとされる。元久2 年(1205)にひとまず成立。以後切り継つぎが繰り返され、承久の乱(1211 年)後、後鳥羽の配流先の隠岐でも編集が続き、隠岐本が残る。新日本古典文学大系他。
- 『古事談』……源顕兼(1160-1215)撰の説話集。王道后宮、臣節、僧行、勇士、神社仏寺、亭宅諸説の全6 巻。新日本古典文学大系、ちくま学芸文庫他。
- 『玉葉』……後鳥羽の摂政・関白であった九条兼実(1149-1207)の日記。『訓読玉葉』他。
- 『明月記』……藤原定家(1162-1241)の日記。『訓読明月記』他。
- 『新勅撰和歌集』……藤原定家撰の9 番目の勅撰集。貞永元年(1232)の後堀河天皇の下命により撰集し、文暦2 年(1235)完成。藤原道長と紫式部の贈答歌を載せる。岩波文庫。
- 『百人一首』……「小倉百人一首」とも。藤原定家撰の『百人秀歌』を受けて成立(その

過程と編者同定には議論がある)。角川ソフィア文庫他。
- 『源家長日記』……鴨長明とは和歌所で同僚だった源家長(1234年没。家長は、開闔という事務長相当)の日記。長明の後半生と出家に至る様子を描く長明伝の一級史料。本文の整定に諸本の参照も必要である。中世日記紀行文学全評釈集成3など。
- 『無名抄』……鴨長明撰述の歌論書。建暦元年(1211)以後の成立とされる。日本古典文学大系、角川ソフィア文庫他。
- 『発心集』……鴨長明が晩年に撰述したとされる仏教説話集。『方丈記』と通ずるような表現も見られる。角川ソフィア文庫他。
- 『方丈記』……本文で言及。新日本古典文学大系他。
- 『四季物語』『歌林四季物語』……本文で言及。続群書類従、『鴨長明全集』。
- 『愚管抄』……九条兼実の弟で、天台座主に4度就任した、慈円(1155-1225)の史書。承久の乱(1221年)以前に成立と考えられている。日本古典文学大系他。
- 『続古事談』……建保7年(1219)の跋文を有する、鎌倉初期説話集。『古事談』の影響を受けて成立した、作者未詳。全6巻だが巻3を欠き、王道后宮、臣節、神社仏寺、諸道、漢朝の5巻が伝わる。新日本古典文学大系他。
- 『閑居友』……九条家出身の天台宗の僧慶政(1189-1268)の撰述とされる仮名説話集。承久4年(1222)成立。鴨長明の『発心集』に批判的に言及。『撰集抄』に大きな影響を与えている。新日本古典文学大系。
- 『平家物語』……語り本系の覚一本は新日本古典文学大系他。読み本系の長門本は勉誠出版刊他。
- 『源平盛衰記』……『平家物語』の異本。中世の文学(三弥井書店)他。
○『保元物語』『平治物語』『承久記』……『保元物語』は保元の乱を、『平治物語』は平治の乱を、『承久記』は承久の乱を描く。新日本古典文学大系他。この三書に『平家物語』を合わせ、四部合戦状と呼ぶ。なお『京都古典文学めぐり』本文にはこの三書を取り上げなかった(『保元平治合戦図屏風』の絵も掲載した)ので、「京都文学年表」には載せていない。
- 『教訓抄』……楽書。興福寺の楽人、狛近真の著で、天福元年(1233)成立。日本思想大系『古代中世芸術論』他。
- 『海道記』……貞応2年(1223)に京都と鎌倉を往復した紀行文。鴨長明作と仮託された歴史があるが、紀行自体が長明没後の年次であり、作者未詳。新日本古典文学大系『中世日記紀行集』他。
- 『宇治拾遺物語』……13世紀半ば成立の説話集。詳細は本文で言及した。新日本古典文学大系他。
- 『十訓抄』……建長4年(1252)成立の説話集。編者未詳。10の教訓をたててその内容を説き、例話として説話を収集する。岩波文庫、新編日本古典文学全集他。
- 『古今著聞集』……建長6年(1254)成立の百科全書的説話集。橘成季著。全20巻。30篇に分類される。日本古典文学大系、日本古典集成他。
- 『文机談』……琵琶の名手藤原孝時の弟子で、「文机房」の異名を持つ僧・隆円の著。琵琶相承の次第を『大鏡』のような語りの形式で記した音楽史の物語である。文永9年(1272)以後に一旦成立し、弘安6年(1283)ころに一部補筆・完成か。『文机談全注釈』他。
- 『沙石集』……無住道暁(1226-1312)著の仏教説話集。弘安6年(1283)成立後も著者の

手で斧鉞が加えられ、いくつかの異本がある。日本古典文学大系、新編日本古典文学全集他。
- 『雑談集』……無住晩年の仏教説話集で、嘉元2年(1304)起稿、翌年成立。無住の自伝も載せる。中世の文学。
- 『吾妻鏡』……鎌倉幕府の史書。岩波文庫、新訂増補国史大系他。
- 『百錬抄』……「百練抄」とも。鎌倉時代、13世紀後半の成立と考えられる編年体の通史。全17巻のうち初めの3巻が欠落。著者未詳。平安時代の冷泉天皇から鎌倉時代の後深草天皇までの歴史を記す。新訂増補国史大系。
- 『諸寺略記』……13世紀後半成立の台密(天台宗の密教)の図像集『阿娑縛抄』に付された寺院の略縁起集。この書を含む重要な寺院の中世の縁起集の基本資料は、『校刊美術史料』全3巻に所収。
- 『本朝書籍目録』……建治3年(1277)から弘安2年(1279)の間に成ったかと推定される、鎌倉時代後期の書籍目録として貴重。和田英松『本朝書籍目録考証』国立国会図書館デジタルコレクション他。
- 『紫明抄』……13世紀終わり頃、鎌倉時代成立の代表的『源氏物語』注釈書。玉上琢彌編、角川書店刊に収録。

1300年～

- 『石山寺縁起』……石山寺の縁起。14世紀に作られたが、全7巻のうち、6、7巻は絵が欠けていたので、江戸時代に松平定信監修で、谷文晁(1763-1840)が補作・完成。日本絵巻大成、『石山寺縁起絵巻の全貌』滋賀県立近代美術館他。
- 『徒然草』……兼好法師著。詳細は本文で言及した。正徹本は笠間書院他の影印があり、新日本古典文学大系の底本、通行・流布する烏丸本は、岩波文庫、角川ソフィア文庫他。
- 『菟玖波集』……延文元年(1356)の序文。同2年3月までに成立。二条良基が救済の協力を得て撰進。連歌最初の撰集で、延文2年閏7月11日に勅撰に准ぜられる。日本古典全書、中世の文学他。
- 『河海抄』……四辻善成著。室町時代・貞治年間(1362-68)に将軍足利義詮の命によって撰進。全20巻。『源氏物語』の代表的古注。上掲の『紫明抄』とともに、玉上琢彌編、角川書店刊に収録。
- 『帝王編年記』……年代記。全30巻のうち、27巻が現存。僧永祐(南北朝時代の人、伝未詳)の編と伝えられる。『歴代編年集成』『帝王編年集成』『歴代編年記』『扶桑編年録』などの別名がある。最後の3巻が散逸しているため、現存部分は、神武天皇から後伏見天皇(13世紀末)までを伝える。新訂増補国史大系。
- 『一代要記』……後宇多天皇の時代(在位1274-87)に成立し、およそ鎌倉時代末期ころまで書き継がれ、花園天皇の時代までを収める(欠脱あり)。神代から始まり、天皇ごとに、略歴や在位中の出来事の摘要を編年体で記し、上皇・皇太子・後宮・斎宮・摂関・大臣・大納言・参議・蔵人頭・皇子女などの各項を設けて、該当する人名を記録する。続神道大系他。
- 『風姿花伝』『申楽談儀』……『花伝』とも略称される前者は、世阿弥元清の著で、父観阿弥の教えを伝え、『世子六十以後申楽談儀』が正式書名の後者は、世阿弥二男の元能が筆録・整理した著作。ともに世阿弥の能楽論を伝える重要書。岩波文庫他。

○謡曲……『京都古典文学めぐり』では、河原院を舞台とする世阿弥作の『融』、五条橋での弁慶と義経の出会いなどを描く作者未詳の『橋弁慶』などの言及に留まる。日本古典文学大系『謡曲集』、日本古典集成『謡曲集』、『謡曲大観』他。謡曲全体の概観については、天野文雄『能楽手帖』(角川ソフィア文庫)が便利だ。
○『太平記』……この作品も『京都古典文学めぐり』では取り上げておらず、「京都文学年表」には載せていない。2016年に兵藤裕己氏校注の岩波文庫『太平記』全六巻が出来。同文庫についての岩波書店のサイトに「十四世紀、南北朝五十余年の争乱の世を、雄渾な筆致で描いた歴史文学の大著。後醍醐天皇の即位以降、足利尊氏の時代を経て、足利義満の補佐として細川頼之が管領職に就任し、その優れた政治によって乱世が太平の世を迎えるまでを描く」とある。

1400年～

- 『正徹物語』……上下2巻。歌人正徹(1381-1459)の談話を記した聞書(上巻は正徹著という説もある)。自ら書写した『徒然草』と兼好法師についても重要な情報を提供する。日本古典文学大系、角川ソフィア文庫他。
- 『花鳥余情』……一条兼良(1402-81)の『源氏物語』注釈書。文明4年(1472)成立。『河海抄』の続貂として綴られる。源氏物語古註釈叢刊2他。
- 『義経記』……源義経の生涯に焦点を当てた軍記物語。室町時代成立。後世の義経イメージの形成に大きな力を持った。日本古典文学大系、新編日本古典文学全集他。
- 『ささめごと』……心敬(1406-75)の連歌論書。日本古典文学大系『連歌論集俳論集』他。
- 『ひとりごと』……心敬の連歌論書。新編日本古典文学全集『連歌論集 能楽論集 俳論集』他。

1500年以降

- 幸若舞『敦盛』『満仲』……『敦盛』は平敦盛を、『満仲』は多田満仲を中心に描く。幸若舞は、曲舞を伴う語り物で、室町時代に流行した。新日本古典文学大系『舞の本』。
○狂言……『京都古典文学めぐり』では、代表的狂言の1つ『伊文字』を取り上げた。狂言の詳細は、日本古典文学大系および新編日本古典文学全集の『狂言集』他参照。
- 御伽草子……中世から近世にかけて作られた物語草紙。本来は絵を伴っており、奈良絵本などとも呼ばれる。豊富なその内容については、徳田和夫編『お伽草子事典』など参照。室町時代物語大成、岩波文庫、新日本古典文学大系他。
- 『信長公記』……織田信長の伝記。側近の太田牛一(1527年生)により1600年頃成立。角川文庫他。
- 『尊卑分脈』……洞院公定(1340-99)原撰、14世紀後半成立の系譜集で、基礎史料だが、以後増補改訂が繰り返され、異本・異伝が多い。新訂増補国史大系。
- 『公卿補任』……「神武天皇御世」から明治元年(1868)まで書き継がれた公卿の職員録で、上記『尊卑分脈』と併せて、貴族の経歴について参照される基礎史料。新訂増補国史大系。

山本哲士 *Tetsuji Yamamoto*

情緒資本論への第一草稿
Theory of Emotional Capital: first draft

●やまもと・てつじ
1948年生まれ。環境設計学・政治社会学専攻。著書に『ミシェル・フーコーの思考体系』『哲学の政治 政治の哲学』『イバン・イリイチ』『哲学する日本』『国つ神論』『〈もの〉の日本心性』『高倉健・藤純子の任侠映画と日本情念』『フーコー国家論』『ブルデュー国家資本論』(すべてEHESC出版局)、『吉本隆明と「共同幻想論」』(晶文社)など。

何十年も抱えながら「分からない」エモーションへどう立ち向かっていくか?!
エモーションを「感情と情緒」との間で考えていく。エモーションとして分節化されないが、対抗的に考えていくことで開けそうな予感がしている。
その基盤に隠れている「不安」の作用が欲望と享楽の間で、強く作動している。
エモーションの問題構成をはっきりさせていくことから、理論的＝実際的な分節化が可能になって、情動資本とは括れない情動作用をツールにして、〈情緒資本〉の概念空間が理論言説を実定化していくことができよう。それは、大文字他者の位置を述語シニフィアンの位置へ転じていく、大きな理論転換を要する。
エモーションは対処できない突然の不可能によってやってくる、制止と動揺との間にラカンによって配置された。どんな局面においてその働きは機能と構造の中で、いかに実際行為されているのか、その〈emotional practices〉をつかんでいくことがまず最初である。感情と情緒の幅・隔たりを「情動」で結びながら、言述していくことで、事態をはっきりつかむことへ幾分でもいくことができよう。
エモーションは資本主義と結びつけられて考証されている成果がそれなりに明白にある。資本主義が固有のエモーション世界を作り出し、またエモーションが資本主義を作り出していく。その相互性の構造は、ただ現象面を掴むだけでは不十分である。〈感情資本主義〉と邦訳されてしまっている〈emotinal capitalism〉は、既存の資本主義論の焼き直しでは済ませない根源的な問題を、歴史的な本質としてはらんでいる。異国情緒とされる「異質なもの」へ必要事と情感との間で、対象に接することから表出してくるものがある。これは、対的なものが疎外されるため、共的なものが外在から個的な自分へと覆被ってくる、疎外と分離の作用であるが、同時に反作用的に調整されていくエモーションである。不安と違って、ポジティブな作用が働く。妨害の症状をへて、塞がりの落下である「アクトへと移行」する、その裏では不安がそれを支えているが、不安が表に現れ

ない場所にエモーションはある。動揺ではない。

　エモーションを自由に個人が表現している「感情資本主義」と、エモーションが極端に制限され感情を押し殺している「感情専制主義」とは、同質の感情表出様式の（裏表ではない）鏡像的関係である。それは、資本主義的生産様式と社会主義的生産様式が、ともに同じ〈産業的生産様式〉を競い合ってきたに過ぎないという批判考察を引き継いでの、言説世界での鏡像関係のことだ。ここを、徹底批判考察しないと、ポジティブに配置しようとしている「情緒資本」の可能条件は開削できない。曖昧な入れ替え可能な言表が、無意識の概念世界のままに恣意的言述を多産するだけに覆われてしまうし、現に世界的にそうなっている傾向にある。ガザでのあまりに酷い専制主義による「虐殺」に、世界の感情資本主義のエモーションは揺れ動いている。遠隔された苦悩だとボルタンスキーは、この情動を重要だと強調した。だが、情緒は、そこにない。

　プーチンとその取り巻きが平然と振り回す反転した、敵非難＝自己肯定の正当化思考は、よそごとではない。自分の身の回りに起きている。これは、知性においてすぐ見破られるのだが、情動的感情へ働きかけているため、国民半数の感情的知性に受け入れられる。事実を知る若者たちは、国外脱出して、その不合理支配から逃れているが、解決はできないでいる。

　「戦争は嫌だ」の感情 sentimente は多くが支持するのに、また正しいのに、現実的に戦争自体は残虐に進められ、侵攻された側もやむなく敵の打倒へと戦い／殺戮を余儀なくされる。現在の大学言説で思考している国家リーダーたち、国連の椅子に座って否決されるに前もって決まっている平和決議が官僚的に進められる。否決される不安などは、そこに微塵もない。これが大学言説のアクトとなっている感情的知性、知的感情である。

A）ラカンの「不安」情動からの出立

　エモーションに入る前に、ラカンの〈不安〉、そこにからまる「情動 affect」論から入りたい。それは西欧的なものであるが、理論的な手法をこちらが領有する上で大いに参考になり、かつ心的なものがいかに考察されうるかの導きになる。コレット・ソレールの書が、ラカン情動の理解の非常に良い手引きになる。それを脇におきながら、『不安』のセミネールをおさえていく。情緒資本論を構想し考えながら20年以上永いこと逡巡していた。その出発点を「不安」におくことで、問題構成を確かになしていく道筋が見えよう。

　「不安」は対象を持たない。予期される何かが起きうるかもしれない、しかしそれがなんであるかわからないが、現在の自分を不安定にさせるものが、過去の経験を通して推測されて、不確かさの中で「不安を覚える」。経験事象としてはそうなっているが、そんな単純なものではない「情動」作用が働いている。「恐怖」には対象があるゆえ、不安とは違う、とソレールは旧来のままそう言ってしまう。だが、ラカンは「不安には対象がないと言ってしまうのは間違いだ」とはっきり言う。不安は諸シニフィアンの切断の格子によって準備され構造化される「いわゆる対象の学習理解 appréhension」ではない、別の対象だと（SX,p.91）。もう、この出発点で「不安」の難しさ、不明瞭さが提示されている。しかも不安の対象ではなく、対象「なしではない pas sans」（p.105）という意味である。ラカン論者が、ラカン説明の書でラカン自体をすでにはき違えている。

1　情動とエモーションの配置へ

　『テレヴィジオン』において、ラカンは情動 affect について非常に韜晦した言述をなしており、解読が難しいのだが、根源的なものはそこに示唆されている。「情動は身体機能

を乱し dérange」、「思考を（ゴミのように）排出する décharge」(AE,p.524)。論稿では、情動は、動揺、妨害、困惑に関係している。悲しみ、抑鬱、怯え、憂鬱、陰鬱、不機嫌――が挙げられている。身体の諸機能を乱す、まさにネガティブ作用である。情動は転移させられている déplace。

情動とは構造の効果であり、その効果の多様さである。それは西欧では多分にネガの作用とみなされているが、日本ではポジの作用である傾向が強い。理性と情動とが配置されている文化資本が異なるのだ。

存在欠如、享楽欠如、知の欠如といった効果として西欧では捉えられていく。ファルス享楽、意味の享楽、症状の享楽が、欠如ではなく「在る」ものとして補足的享楽において考えられているが、満足をもたらすものにはなっていない、とみなされる。言語の作用を受けた身体は、ある時代の言説と従体倫理に影響を受けながら従体（主体）的情動の中に反響しているとみなされる。

だが、ラカンは、意味外部 hors-sens と「享楽する従質 substance jouissante」として、現実的知と無意識概念とを結びつけて考えることで、不安の独占から脱して、<affects didactiques>（教訓的情動）の色調を大きく取り上げるようになる。(AL,p.101)

つまり、情動は対象 a であるということだ。従体が現実界にアプローチする「謎めいた情動 affects enigmatiques」へと拡張された。現実的知とはいかに解読されようとも解読不可能にとどまる知であり、知られない知として、lalange と呼ばれ、その現前の帰結として情動が生じている。話存在 parlêtre が自分自身を認めることができないときに、ララングの効果の印が出現している。

〈言語―無意識〉は仮説的に解読可能であるが、〈ララング―無意識〉は計測不可能な従体的情動を介しての解読不可能な情動であるが、感じとれるものではある。つまり、一方で、社会的紐帯を秩序化し、そこに所属する者全てに認められる典型的情動があり、他方、個人の固有の享楽真理がある、そしてその間には障壁がある。共有されうる「調和的情動」と、存在の間で「対話の無さ」が猛威を振るっている「不調和の情動」とがある。言語の構造を超えでるものが、情動を介して「私」に示される。従体に応じて異なった射程を語に与える「未知の知」がそこに身体と関わって印される。

「知、それこそが一つの謎である」（『アンコール』）ことは知的資本論序説で論じた。「分析は私たちに、知られざる知、シニフィアンによってそのようなかたちで支えられている知があるということを告げている」ことを。だが、不安は真理と関わりがない。

不安は、感情 sentiment と違って、喉の詰まりや胸の同期などの顕著な身体的な現れをともない、また解釈に緊密に結びついた唯一の情動である、とソレールは言う。

不安を言説と現実界との関係において考えること。そこに、不安が知／知ることと対象 a といかに関係しているかが配置されていく。

2「不安」の配置

セミネール全体を詳しく了解的に解読することはここではしない。要点を、私なりに資本観点から再配置する。訳書はすでにあるゆえ、それを読まれたい。情動の根源的な軸となるのは「不安」と「嫌悪 disgust」であると私は配備するが、それは、パッシブなものとアクティブな相反する二つである。

まず、ラカンは、不安は émotion ではなく affect だと、識別する。訳語を定め難いのだが、定めていかないと混乱と恣意性がはびこるだけになるため暫定的に決めておく。

emotion は動き、「動きのラインの外 ex,hors de la ligne du mouvement」、外へ投げ出

す jeter hors の意味をもつ。「動揺 emoi」——「混乱 trouble、権能の激減 chute de puissance——とは関係ない。

affect はすでに知的資本論にて「情動」と訳語を概念化してきた。情動は抑圧 refoulé されない。情動は解除され désarrimé、漂流される derivée。転移され déplacé、変調し fou、内転され inversé、代謝化される métabolisé、ことで見出される。抑圧されるのは、情動をくくりつける amarrent 諸シニフィアンの方である。(SX, p.23)

情動は無媒介性において与えられる存在ではない、生の形の下の従体ではない、原感覚的なものでもないとされ、従体であるものを伴った構造と緊密な関係にあるとする。

ラカンは、フロイトの「制止 inhibition、症状 symptôme、不安 angoisse」を対角線状に配置して、困難さの水平軸に「制止—妨害 empêchement—窮地 embarras」を置き、運動の垂直軸に「制止—émotion—動揺 emoi」をおいた。そして、二つの枡がまだ不明だとした。

困難さ			
運動	制止	妨害	窮地
	エモーション	症状	×
↓	動揺	×	不安

そして、「不安」という空の周りに、「気遣い souci」「真面目さ sérieux」「期待 attente」で囲んだ。これらから不安はどこかへ逃げ出している。

これが、不安の問題提起的な配置である。

行論から再定式化され、結論の定式表へと至る。四つの表がある。この移動を理解することが、不安を了解することになる。かなりの道のりだ。

二番目の図で、アクトへの移行とは、行き詰まって、舞台から落下すること。遁走。acting out とは、顕示すること、知られていない欲望の実演。そこは覆われていながらそれそのものは覆われていないゆえ、解釈を呼び出すもの。症状とは自足している享楽そのもの、解釈を呼びださない。

運動の乱れとして「エモーション」が行動構成 comportementale される。突然の不可能によって、対処できないものとしてやってくる。

不安は原因なしであるが、対象なしではない、究極の対象、〈Ding〉を指し示している。そして、不安は動揺に依存しているのではなく、動揺を規定している。

制止	妨害	窮地
エモーション	症状	acte への移行
動揺	Acting out	不安

「どうした(原因への関係の前身)」と「動揺」の間に不安は宙吊りになっている。

制止は、一つの機能への何ものかの導入、それは欲望の導入。

アクト acte とは、そのアクションを制止するように作られた欲望が出現する、欲望状態が記入されるシニフィアン的発現の性質を帯ているとき、その行為をアクトという。

三番目の図で、「動揺」は a そのもの。「妨害」妨げの場所は、しがみつくことが「できない」、しがみつく欲望の保持が妨げられていること、こらえる事ができない、におきかえられている。「エモーション」は、従体がどこに応えていいのか「知らない」、それであることを「知らない」、こらえることを「知らない」、に置き換えられる。「原因の問い」そのものとして導入される「塞がり」=窮地。

症状は、水栓の水漏れ。アクトへの移行は、何をしているか知らないままに水栓を開け

ること、acting out は水のほとばしり（行動をもたらす原因とは違う場所に由来する事実）。

結論的な表。制止の場所には「見ない欲望」が置かれる。誤認が「知らない ne pas savoir」の水準で構造化するものとして置かれる。動揺として「理想 ideal」が置かれる、自我理想、大文字他者から取り込むのにもっとも都合の良いものである。

症状の中心の場所に、全能の幻影が置かれる。見ない欲望を支える基本的不可能さに相関する。

制止	見ない欲望	不能	不安の概念
症状	誤認	全能	自殺
不安	理想	喪	不安

不安の構造へ入っていくためにいくつかのことを考えに入れていかねばならない。それは、不安はどこに配置されているのか、それを、欲望、去勢、そして騙しから見ていくものである。簡潔に要点のみ。

不安という次元が保たれるのは、変わらないと思われている世界と場面で変わる舞台（ゾーン）との間で、つまりコスミスムへの回帰と歴史の悲愴性の維持との間に二つを結ぶ抜け道があって、そこに不安の機能が位置づいているためだ。

鏡像の像の場所に、何らかのメカニズムによって何かが生じれば、そこに不安が出現する。つまり、ノルムが突然なくなってしまったら、異常を欠如をなすものとしているものが突然全てなくなってしまったなら、欠如しなくなってしまったなら、そのとき不安が始まる。

欲望を方向づけて装置化していることで、欲望は「不在 absence」に関係づけられる。それが、出現の可能性である。従体に補足されないということ、幻影のなかで対象が果たしている機能における出現。欠如とは、何ものかが出現できる場所 place。鏡像へ還元できない、「性的パートナー（形態と諸規範を浮かび上がらせる）である者に対する誘惑機能における身体のイメージ」である（p.57）。そこに信号として「他者」との関係における去勢の不安が配置される。

だが、去勢コンプレックスを疑問に付し、その移行の可能性を探る、そこに不安への探究がある。去勢は、要求の退行的循環の極限に登録される、つまり要求が尽きるところに出現する。

不在であるからこそ出現の安全さが保たれる。不在の可能性、欠如の可能性がないとトラブルが起き不安になる。要求が完全に満たされることによってトラブルが生じ、その中に不安が現れる。要求は、隠されているもの、a ＝対象の代わりに不当にやってくる。

不安は対象の喪失で起きるのではなく、諸対象が欠如していない現前から起きる。失敗が問題ではなく、成功こそが恐れられているということ、欠如していないことが問題であるのだ。

不安は枠付けられている、近しくあった「我が家」に私秘的なものが出現したとき、予想外のもの、来訪、新しいもの、予感を前感覚として現れる、その切断そのものが不安である。

不安の実質は「騙さないもの」。疑いではなく、疑いの原因であり、疑いは不安と戦うために起きる。

確信の言及は本質的に行為 action であり、その小さな存在が、行為が確信を借りている不安となる。行動 agir とは不安からその確信を奪うこと、不安の変換を操作することである。（p.92-3）

かく不安を配置してきたラカンは、精神分析上の諸症状を識別的に説明していくが、我々にとっては、情動の機能の配置として読み込む。情動なるものが、いかに機能配置されるかだ。
　情動は、エモーションとも感情とも違う。しかし、情動の「機能の仕方」は、エモーション、感情を考えていく際の手がかりになる。そこにしか、考えていく上でのツールがない。それには「対象の規定 statut」をさらに明らかにしていくことである。

3 「対象」とはいかなるものであるのか

　対象を a として示すことは、従体と対象 a との関係において起きていることを捕まえるためであるが、それは、対象性の可能な定義の「外部にある対象」のことを意味する。象徴界に適切な場所を取り戻すには、対象に依拠せねばならない。想像界を象徴界において使用することは避けねばならない。この対象 a の介入の信号が不安であって、i(a) と i'(a) との間で反転するリビドーの経済論的な揺れを見ていくことだ。
　不安は「対象がないではない」ということは、「それを持たないではない」、「それが在るところで、それを持っていることは見えない」ということを指す。この il n'est pas sans l'avoir とは、直訳すれば、所有することなしの状態ではない、持つことなしではない、ということだが、持つことがありうるということを示唆している。しかし、持たないのだ。「ファルスを持たないではない」である。どの対象であるかわかっていない。「策がないわけではない」にはありふれた策でないということが言われようとしている。いかなる対象が問題かということを言うのではない、それを言うことができるわけではない。この否定表現こそが述語制の要であるのだが、とりあえずここで止めておく。
　分割可能な対象と分割不可能な対象が、属している。査定可能であり交換対象でもある、ライバルであると同時に調和でもある。共通対象、交流可能対象、社会化された対象の規約構成に先立ってある諸対象 = a である。そこで対象が露わになり再認可能となったとき、不安が対象規約の特異性について信号を発する (p.107-8)。小文字 a = 対象は切断である。
　欲望の原因では、主体の構造にアクセントをおいている「主観主義」「主体主義」「主語主義」、つまり <subjectiviste> という「従体主義者」の像が問いなおされる。それは「欲望の対象」に関する誤った理解を産んでいるからだ。思考が何ものかに向かう、原因観念に囚われていることに対して、欲望は対象の背後にある、そして欲望の原因である、ということだ。観念論、認識論、形而上学はこの「対象 a」を喪失している。
　対象はその中へ滑り込み se glisse、何かの部分へ移行する passe、つまり転移 déplacement である。対象とはその本質的機能において我々である補足水準から逃れる何か、である (p.121)。原因の範疇として現れるものは、全ての内在化以前の、対象の場所、外部にある。この対象への関係は、不安の信号機能とリビドー維持における「中断」と呼べる何かとの関係とを統合している。

4 享楽と欲望の間にある不安

　不安の指示機能 fonction indicative するものの次元へ進む。
　「恐怖」は「未知なるもの inconnu」の側で描写される。顕れているものの未知の点に依拠する、背後にある何ものかが、恐怖の対象である。
　恐怖の効果は「適合」の性格を持つ、逃避の引き金をひく知となる。麻痺させ、抑制し、乱す行為において示され、反応への適応として狼狽 désarroi に従体を投げ込む (p.187)。
　危険を発している対象への反応、その信号は騙しではない、経験において現れる現実

界の下での還元しえない様式にある。シニフィアン機能と対立する現実界、現実界の不可能の秩序……なにをラカンは言っているのか？

不安は現実界の信号である、ということの意味だ。

対象が余りであること、脱落であること、分離であること、それが諸対象の現実的規約状態 le statut réel des objets である。対象は、従体の残余 reste、現実界としての残余である (p.194)。そして、不安は余りであり、分離とともに現れる。

割り算の配置から、享楽と欲望の中間に不安が位置付けられる。

享楽は、a という残余によってしか大文字他者 A を認識することはできない。

$S は、幻影である。＜＞は、「または＞」であり「かつ＜」である、「大なり＞」でもある「小なり＜」でもある。

a は、還元しえないもの、残余、これについて計算することはできない。

大文字他者と掟＝法

ラカン読解で、いつも気になるのは、不明な場所が大文字他者へ準拠されることだ。欲望は法であるという同一化において、命令する何かが向こう側に無いものが在るとして配置される。象徴化のあらゆる可能性が大文字他者に配備されてしまう。しかも「構造の欠陥 vice」として。

不安を情動の特殊として抑えていきながら、大文字他者へと還元されるものを極力私は排除して、対象 a へ接近できる道筋をつけていきたい。西欧的な支配や超越的なものの命令・抑圧など規制原因を王の彼方にある大文字他者に置くよりも、現実界の身近な対象 a において、情動、感情、情緒の界へ向かい合えるだろうと思うからだ。日本文化において、大文字他者なるものをどう見ても配置はできない。〈もの〉の述語制に置き換えた方が物事はよく見えてくる。全ては従体と対象 a との関係をめぐって展開されている。シニフィアンは、大文字他者との関係ではなく、述語制の関係として配置されることだ。

「大文字他者という道を通って従体は実現されるべきだ（現実化される）」（主体が現実化される大文字他者の道）という、主体の出現が問題前提になっているため、大文字他者がシニフィアンの宝庫として配置されざるを得なくなっている。

B) エモーションの現在的な配置

エモーションを、自分の身近な生活環境状態からつかんでいくこと、それは、少なくとも三つある。自分の生活世界における、「人間関係」と「物」と「消費文化」である。

(1) エモーションと人間関係

資本主義は、人間アクションのすべての形姿に合理性をうめこみ、現代個人はゴールへ方向づけられるようになり、自己利益を正統的になすようアクトし、抽象的知識を決定するさいに使い、そのゴールに至るべく認知手段を洗練させる、と言われる。さらにそれは快楽へ向けられ、感覚的、性的、エモーショナルな経験へ向けられる。感情性の喪失が予想されるどころか、その反対に、資本主義文化は、行為者たちが自分のためにエモーショナルな経験を遂行し形成することを自己意識的になすべく、エモーショナルな生活に前例のない強化をなす。その集中強化は、いくつもの仕方において示される。

第一に個人生活がエモーショナルな工夫 emotinal projects の具体化へ向けられる：「ロマンチック・ラブ、意気消沈の克服、内的平穏を見つけること、同情をなすことな

ど」。
　第二に純粋エモーションに基礎づいた諸行為の正統性を増大させる：適切でないエモーショナルな享楽にあるキャリアや結婚から離れる。
　第三に、自分自身のためにエモーショナルな強さ、明確さ、内的バランスをなすエモーショナルな工夫を遂行する。
　20世紀後半は、パーソナルな生活とエモーショナルな充足とが、自己の中心的な遂行と心配事になってきた。エモーショナルな生活工夫はアイデンティティの中心となり、諸個人は合理的な経済様式の思考を頼みにして広範で多様な領域における決定作成を増長させてきたが、その経済的形態における思考を深く掴もうとすることによる振る舞いの合理的様式をスムースに進めることに、エモーションを重ねてきている。これをいかに理解していくか。（Illouz, p.5）

(2) **エモーションと物**
　性的、感覚的、エモーショナルに、男と女の出会いを助ける物は、物とエモーションの間の関係性として三つの仕方でなされている。①イメージ作成をなす諸産業の複雑なネットワークによって、物はエモーショナル-感覚的な手段として構築される（形、色、おりなしとして他の物よりセクシーに作られる）。②消費文化によって枠づけられるエモーショナルな動機と意図の枠組みにおいて物が消費される（自分をセクシーな人間存在であると規定する）。③消費の瞬間において、これらの物は二人ないしより多くの人たちの間にエモーショナルな雰囲気を創り、彼らの異なる欲望を媒介する（セクシーでロマンティックな雰囲気を作り、性的欲望を発生させる）。短期的かつ長期的に行為者のエモーショナルな工夫・計画をあからさまに編み上げる。エモーショナルな相互行為をあわせ交易させる。商品がエモーションを生産し、エモーションが商品に転じられる仕方を明らかにするエピステモロジーが要求されている。エモーションと物とが共同生産していることを明らかにすることだ。（p.6）

(3) **エモーションと消費文化のセクシュアリティ**
　消費は、性、ジェンダー、欲望に関わる社会的アイデンティティのコア要素になっている。消費の過程そのものに書き込まれ表示される、男性性・女性性のモデルとなるジェンダー台本を頼みにして、パートナーへの性的魅力を果たそうとする。消費は、自己性の文化的台本の中心から働いて、日常の相互行為の戦略として男と女の性的アイデンティティを形づくり、誘惑とセクシュアリティの経験を通してジェンダーを生産し再生産している。消費は、社会的関係性、アイデンティティ、エモーションの中心内部から働いている。消費文化は、諸経験と諸対象の一揃いの周りに性的アイデンティティを組織して、人のセクシュアリティと性的魅力さを同時にマークしている。消費文化はセクシュアリティを通して主体性を補給し、エモーショナルなもの、ジェンダー化、消費者アイデンティティが同時に生産されている性的な手段の遂行を通じている。（p.6）
　消費者行動とエモーショナル生活は、親密に切り離しがたく結びついて、互いを規定し可能とし、商品はエモーションの表現と経験を促進し、エモーションは商品へと転換されている。消費文化はエモーションを体系的に商品へ転換して、エモーショナルな真正性を消費に大いに関係する心理的・文化的な動機的構造と消費の遂行自体とを結びつけているところに構成される。真正性は、エモーションと消費行為の共同生産によって生成される経験になっている、とイローズは言う。（p.7）

エモーションと合理性と物

以上のことから問題は次のように提起・構成される。

「もし、合理性 rationality と情感性 emotionality とが資本主義の文化組制 the cultural organization of capitalism において同等に強力に制度化されてきたとするなら、いかに資本家的文化 capitalist culture が、近代消費者の文化構造において、この矛盾した姿を統合し鱗状に編み上げてきたかを説明せねばならない。」(p.7)

古典的・一般的に言われてきたことは、両者を対立的に切り離す。合理性とは認知的思考の形姿であって、長期の計画をもって、世界に体系的にアプローチし、諸対象を比較することで世界におけるそれらを評価し、自らの利益に適うようにすることだ。他方、快楽の遂行や情感性とは、現時点の即座の満足を欲し、諸感覚に基礎をおいているものだ、と分離対立させられてきた。

この対立・対比された合理性と感情性における物象化に対して、その相互関係を超えて統合していく場所を実際的に浮き上がらせていくことになる。

❶資本主義の文化的矛盾を論じるものは、異なる領域において矛盾する価値が制度化され、文化的パーソナリティに裂け目を生み出す。生産領域では訓練と断念が要請されるが消費領域では自己解放、真正性、エモーショナルな充足が強調される。これが資本主義の構造的弱さだ、労働エトスには個人充足の切望が潜んでいる、混乱を生み出す矛盾が専門家たちの反応をよび資本主義の文化コントロールをより強化するとみなされた。

❷資本主義の労働現場は、労働者の苦情を和らげるべく、個人生活、自律性、エモーショナル充足への道徳的要求を加味してきている。個人的な自己実現が制度的な要求となり、「非制度化のイデオロギー」(Axel Honneth) となって、ポスト産業社会における制度的・文化的な諸変化の広がりは、ライフスタイルの多様化、労働市場の不安定性、消費行動の拡大が、アイデンティティ形成の仕方や真正性の理念を変えてきている。労働者感情を知ることは資本主義の一般戦略との一部として正統性を増し、個人生活の奨励は資本家的コントロールのやむなき譲歩となっている。つまり、エモーショナルな充足の遂行は道徳言説の一部となって、個人充足とエモーショナル生活、資本主義的仕事場の骨組みに編まれた道徳力になっている。これは、資本主義ロジックの一般的理解として考えられるべきことで、労働現場のエモーション化、エモーショナルな満足、エモーショナルなマネジメント、エモーショナルな表現における仕事の評価規準の変容であり、一般的な経済過程におけるエモーションの中心性の一部である。エモーションは生産過程、私的生活、公的領域の一部であり、主要な社会形態である。

❸貨幣の人類学は、経済的計算と親密関係、つまり貨幣取引と親密な関係とはともに生産しあっており相互に支え合っている、親密関係と非人格的交換、合理的行為と非合理的行為とは対立していない、と経済交換を文化的に理解する。だが、親密なエモーションとマネーとの関係性は、高度にマネー化された経済において、エモーショナルな生活の傾向性が高まり、道徳経済と社会諸関係とは経済交換に組織化され、経済交換は道徳的、社会的な枠組みへと埋め込まれており、商品化過程が増加していく中で個人生活とプロジェクトの規範的力は増加している。

要するにエモーションと知性を対立させ区分し、エモーションには知性も合理性もないという古典的な見解は、少なくとも後期近代においては間違いであり、エモーションにも知性・理性が働いているということであるのだが、しかし、その上で、エモーショナルなものと知的なもの、つまり感情資本/情緒資本と知的資本とは識別考察されていかないと、混融した概念が相互変容していくだけになる。エモーションを考える水準・次元を新たな地盤から配置換えすることを意味する。そこに、〈資本〉概念の意味がある。

資本シニフィアンの関係が異なりながら相互関係している。だが、私たちはまだ資本概念を探り当て練り上げていく途上にあるゆえ、そのためにも、感情と情緒資本とを明証にしていかねばならない。ここで再考しておかねばならぬことは、合理性と規範性との関係である。

合理性と規範性

　規則 rule/regle 及び規範性 normalty は、何らかの合理性の知的構成であると前提にされる。さまざまに逸脱や侵犯におかされながら、然るべき安定秩序を保つために規則は作られ、それが遂行されない場でも規範性として暗黙に作用している。黙契とも言われるが、命令・指令もなく、例えば人が皆の前で話していれば、そこに黙って耳を傾ける。それは、学校教育で教師が授業している時は黙って全員がそこに顔を向けて話を座って聞いている日々の訓練から身体化された「良き躾」の効果である。

　そこに、感情の入る余地は無いかのようである。規則を守り、規範性に従っていれば、それは安全であり安定していると言えるのであろうか？

　合理性は規範性によって遂行されない。規則は、それを遵守し服従する者、規則に抵抗し反対する者、規則を破り侵犯する者、そして規則に無関心な者と、その対応の実際行為は状況に応じて異なってくる。規制されてはいるがそこへの実際対応は異なるということだ。

　感情的な反応は、規範性と合理性とのズレ／隙間において発生する。そして規範性を破る振る舞いは、一概に感情的だとは言えない。まして、規則遵守している人たち全てに合理的知性があるとは言えない、無感情という感情的反応になっている。

　エモーションをしっかり考えていかないと、レギュレーションの閾は考えられない。つまり、社会学はレギュレーションの設定でエモーション界を提起していたのにまったく考えられ得ていなかった。これは経済学でレギュラシオン学派の考察における決定的な欠落となっている領域である。エモーショナルな経済行為がそこには必ず働かされているのに。人間の実際行為（プラチック）は、規則や規範性に服属合致するものではないのだが、それなりの実際的論理（ロジック）をもってなされている。

　エモーションがいかなる領野にも働いていることの理解には、まだエモーション概念がさまざまな要素や要因を含んで曖昧なままである。ここをなんとかクリアにしたいと探っていくほど、論者の違いのみが浮上していく。文化的差異があるゆえ、言語圏が違えば概念もズレていく。できる限り本質的なものへと近づきながら、文化差異の表出へ目を向けていかねばならない。

エモーションの定義へ

　イローズが組み立てた考察次元一歩手前で、一般的にエモーションはどう位置付けられているか、概要を見ておこう。

　ラカンはエモーションを、「知らない ne pas savoir」とした、従体がどこに応えていいのか知らない、ということだ。それがそれであることを知らない、「こらえることができない」地点で、事態をなりゆくままにして交互に現れたり消えたりするシニフィアンの往ったり来たりにまかせている動きである、と。

　エモーショナルな商品とは、「可愛い」「愛らしい」として主に表現される。他方、感情労働とは、つらい、苦しいものとして主に表現される。このポジとネガの両価性にエモーションは配備されているが、それは対象aとシニフィアンとどのような関係、色としてバリエーションをもって作用しているものなのか。

「かわいい」が「可愛い」と愛を可能にする言表で記されているとき、「愛」といかに関わっているかはのちに考えるとして、「かわいい」によって何らかの行為が制止される欲望状態がアクト出現していると言えるのであろうか？　主観の感情ではなく、対象がそれを喚起させている。それは欲望の原因であるが、効果のない何ものかがが打ち立てられていること、その欠如の機能の上に、シニフィアンの連鎖が効果している、「譲渡しうる対象」が移行対象を含んでいる。いったい何が欠如し、譲渡されているのか。自分に属している「かわいさ」なる感覚の何かが譲渡されている、生存している資本主義社会の中で欠如しているものが対象に譲渡されて出現しているとき、自分に見出せないものが対象に表象されて、欲望の原因が機能していることで、それを買う＝所有できていると感じとられ思い込まれている関係状態である。水漏れ状態の症状である。ゆえ、それは解釈されないで受け入れられる。

他方、仕事が「つらい」は、労働というものが自分ではなく対象になって、その労働＝対象は自分を剥奪している、労働へ自分を譲渡している、自分が欠如として従体化され、欲望が行為を制止し、規範仕事のアクトに変換されているからだ。

経験的な識別と意味性
・「気持ち」と「感情」

「気持ちいい」「気持ち悪い」と言うが、「感情がいい」「感情が悪い」という言い方はしない。「感情の起伏が激しい」と言うが、「気持ちの起伏が激しい」とは言うまい。つまり、「気持ち」はその当事者からの表現で、感情なる言表の使い方は外部からそれを見ている。

ところが、「気持ちをこめて歌いましょう」という意味と「感情をこめて歌いましょう」の意味との差異を、私たちはどこかで識別し感じている。表現がわに要請していることで同じだが、前者はもっと一般的な状態を意味するのに比して、後者はそれよりもっと当事者側に強い要請をしている。当事者性が、反転している。他が聴いているという他からの働きが入っているためだ。

気持ちの個別性と一般性、感情の一般性と個別性。その相互変容には、自他非分離の比重の掛け方の違いが伺える。これを「主観」「主体」の主客分離で考えてはならない。関係作用の重点の移動において見ていくこと。

・感情と心的状態／情動

喜怒哀楽と日常で使われる、それを五情、六情、七情としたとき、「感覚」次元と「心的」態度次元との違いが入ってくる。「怨（うらみ）」、「愛（いとしみ）／憎（にくしみ）」、そして「懼（おそれ）」「欲」などがつけ加わる。ダーウィンは、「悲しみ、幸福、怒り、軽蔑、嫌悪、恐怖、驚き」を基本感情とした。

心配・不安、失望、羨望、嫉妬、自負心、落ち着き、好奇心、恥、などの心的態度は、喜び、怒り、悲しみ、などの感情とは違う、「情」の動きで、二次感情とも、あるいは第一次精巧化ともされる。心的態度を「情動」と括っておきたい。「悲しみ」の気持ちの意味は、「失望」ないし「憎しみ」の気持ちの意味とは違う。前者は気持ちの原初的表れだが、後者には「気持ちのもちよう」なる次元が入り込んでいる。この「もちよう」は、前者へも関与していくが、対象化をへてのことだ。

「悲しみ」「悲しい」はパッシブなものだが、「憎しみ」はアクティブなものと、作用ベクトルが反対向きである。他からの／他との関係であることに違いはないが、情の動きが異なる。

・「感性」「情緒」と情動・感情
　情動の憎しみや羨みや妬み、などには「情緒」や「感性」はない、とされている経験的な使いかただ。
　「感性のいい人だ」「情緒のある人だ」、「感性のある絵だ」「情緒のある詩だ」と言うような言い方には、品格があるという評価づけが入っている。「嫉妬深い人だ」という評価とは次元が違う。「感性がない」「情緒がない」という否定に見られるよう、主情ではなくある客観性が判定に入っている。これは、述語的判定・判断と概念転移する、主語的な事態ではない。「嫉妬」も羨望の三角形からきているもので主情ではないのだが、当事者の情感が強いのに比して、感性や情緒には他なるものへの関係づけが意味作用を強くなしている。
　こうした経験的なあり方に、実際的な論理は組み込まれているのだが、概念として言表化していかないとその意味や意味作用ははっきりしない。
　ただここでは、感情／情動の界と、情緒／感性の界との対比が、旧態の言い方では主観的傾向と客観的傾向として対比されるが、「従体的な」傾向性と「述語的な」傾向性との対比で感取されているようだ、とみなしたい。

C）エモーション概念の暫定的な実定化
　エモーションは複雑である。心理学は、精神科学の結果も踏まえエモーションを「厳密」に細分化し定義づけているが、ただの混同であるとしか見えないし、実際行為の現実を考える上で有効ではない、学問の学問に偏っている。
　英語圏での言表を照らし合わせながら、私たちにとって暫定的な整理をしておこう。
　まずは、感覚と知覚の違いである。身体性に近いものだ。

● **「感覚 sense」**
　これは身体的な五感が典型で、感覚器なる生物的識別で表示される。視覚、嗅覚、触覚、聴覚、味覚という、目・鼻・手・耳・舌であるが、触覚だけ位相がやや異なる。皮膚全体が感じる。精神分析は、「オラル、アナル、ファリック、スコピック」の四つに絞って心的関係まで含んで考える仕方をとる。プラトン、デカルト、カント、フッサールなど感覚の哲学考察を整理しても意味あるものと感じられないのも、形而上学で思考されることではないからだ。私たちにとっては実際行為で理解される次元でとりあえず十分と言える。それは、知覚への感覚的構成として、感覚器官の運動反射にとどまらず、それを通して「好都合なもの」「不都合なもの」の反応をへて、〈感じ〉の形相としてカテゴリー化を媒介にして領有される身体レベルの生命的な評定、という程度のこととしてである。寒い、暑い、柔らかい、かたいなどの「感じ」である。〈もの〉との述語的感覚ととりあえず押さえておく。西欧的な感覚と日本的な感覚とでは違うという問題意識があるためだ。
　そこから「sensation/sensational」と「知覚 perception」と「sentiment/sentimental」が分節化されるが、「知覚」は言表の系譜が異なる対比的な位置と見なした方がいい。
　sensory 感覚中枢、感覚器官、感覚神経
　sensual/sensuality 肉感的なもの：肉感美
　sensible/sensibility 繊細な情緒的・知的感知力、特に美的・情緒的刺激に反応する能力：詩人の感受性。sensible には良識・分別がある、感づいている、sensiblenes は、さらに意識しているまでを含む。

sensitive/sensitiveness 外部刺激にすぐ反応する敏感さ：熱に対する敏感さ
sensitivity 生理的、物理的・化学的刺激に対する敏感さの度合い：フィルムの感光度
sensuous/sensuousness 美的感覚の満足に関わる
動詞を見ると、意味が限定され識別が少しはっきりする。
sensualize 肉欲に耽る、〜を堕落させる。
sensitize 〜を敏感にする、〜に感光性を与える。
sentimentalize 感傷に耽る、感傷的になる、涙もろくなる
sensationalize センセーショナル（扇情的）に扱う、
　sense の同系語は、assent/consent/dissent である。
　日本語の「感（じる）」が「心にふれてさとること」と知的なものを含んでいる。感動、所感、感触、官感、感覚。
　「類語辞典」であげられているのは、味感、雑感、肉感、五感、嗅感、美的快感・審美的感動、目の光感・視覚、肌障、凛然（はげしくみにしむ）、悪寒、痛覚、快感・快覚、心寒（こころさむし）、触感、霊感、良感・美感、今昔之感、気乗（興に乗じたるとき）、気障（心にすかぬ）、自己感動、冥感（神仏の）、直覚・直感、気受け、手当たり・手障・手応え、悪寒・浴感・寒気・ぞくぞく、情緒（複雑なる観念よりおこる）、さらに、しこしこと（弾力性の物を食するとき）、ぷりぷりと・ぶりぶりと（弾力性ある物に触れしとき）、いらいらと・ちくちくと（とげなどに肌のふれたる）、むずむず（虫などが身体にはう）、どきり、どきん・びくりと（物に驚きたるむね）などの感触をあげている。さらに、一度見たる物がいつまでも眼に残る「後像」がある。

● 知覚 perception

　感覚に対比されるのは知覚である。知性によって感受されたものという規定はいただけない。目、耳で知る、見分ける、看破する、見破る、そして了解する／理解するという次元が入ってくる。分ける、破る、解するという作用がある。感覚の生命的身体性に配置されるものに対して、知覚は身体から疎外表出され、知覚像のように幻影疎外の前で非身体的な身体性にとどまっている。そこには生命的なものと反生命的なものへの判断がある。

　「我々の知覚全体は、或る論理によって生命を付与されており、この論理は、それぞれの対象に他の対象の限定とともに変化するそのすべての限定を割り当て、またそこからずれる一切の与件を非現実的なものとして〈閉め出す〉。それは世界の確実性によって徹頭徹尾支えられているのである。」（メルロ＝ポンティ『知覚の現象学』161頁）

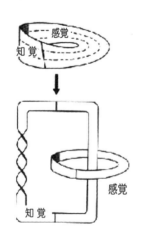

　対象に対する意味＝方向から、「分ける」＝「わかる」意味が介入してくる。
　私は、感覚と知覚とをメビウスの帯状にあると配備し、そこに二つの切れ目を入れて切ったとき、つまり、感覚と知覚とを差異化する切る作用によって、メビウス帯状で残る方を感覚、ねじれながら裏表がある帯状になっている方を知覚と配置したい。知覚は知覚されるものと知覚されないものという表・裏へ区分されうる。感覚は非分離で表裏区別し難い。そして、この二つの穴の中に諸感情が散種配置されていると想定するが、どこに

とは定められない空の場所においてである。

　感覚、知覚を、生物学的な脳・神経の次元から述べても、情緒資本論としては意味がない。科学的根拠などは、現在時点ではまだまだよそよそしい客観化＝認識だ。

① feeling 感情

　sensation や sense の類語は、feeling＝「感情」として一般化されるが、feeling は概念ではないカテゴリー化と見てよいか。「感じる」という一般性であるが、心的・情的な意味が表出され、次のように分節化される。＜feeling＞は＜reason＞を欠いていると対立させられてきたが、感じると「考える」とを今や対立配置させることはできなくなっている。
＜emotion＞は強い興奮した＜feeling＞、
＜passion＞は理性を支配してしまう激しい＜emotion＞、
＜sentiment＞は理性的思考によって起こされる優しい＜emotion＞、満足を求める。
＜sense＞は刺激を受けて心の中に起こる反応、
＜sensation＞は＜sense＞より肉体的・客観的な感じ方（ex. 痛いという感覚）、
というように階層化される。感覚から巻き起こされる「感情」表出の一群である。
　寒さの感覚、好感・反感、劣等感、怒りの感情、同情心、思いやり、興奮・感動、激情、感受性、など幅広い。これらを、分節化されたどれかに固定はできない。
　感情資本主義と訳された原語は、emotinal capitalism であって、feeling capitalism ではない。情感を煽る煽情資本主義と言えるようなものを含んでの、情的資本主義とした方が意味に近い。
　一般用語のように使われるが、限定的でもあるのはその原初性からしてである。

②情動 affection

　感情の直接性に比して、情感・心的な動きがより強く他者性との関係で、欲望と享楽との間で表出する状態と言えよう。愛情の幅広い想いに繋がり、温情、厚情の思いやり親切な気持ち、さらに恋情、慕情など相手に惹かれて相手を慕う想いがこもっている。情動がより強くなり意志を伴えば「情熱」となる。「熱情」になるとより激しい気持ちになる。分離が入り込んでくる。
　情動も感情も「情緒」さえもが＜emotion＞の訳語として使われている。さらに、脳か、ホルモン・免疫系の生体物質か、外因・内因の身体反応かという、生物学的な還元が科学実験的な検証をともなってなされるが、科学主義言説からは離れねばならない。ラカンの「不安」で論じられた次元を基盤においておく。

③感性 sensibility

　内的なものが、他なるもの／対象を通してより洗練された表出になっているのが感性である。知的な度合いが強くなっている。感性から感情・感覚が生み出されるという関係性が指摘されているが、「感性が研ぎ澄まされる」というように、直接性でなく、対象の感受を通した対象への関与が美的に深まる様態である。哲学上では、感性は悟性となっていくと下に配置される。感性に受容された感覚内容に基づいて対象を構成する概念の能力、判断の能力である悟性につながるとされ、「悟性的な認識の基盤を構成する感覚的直感表象を受容する能力」とされた。物自体に触発されて直観による表象を行う下級認識能力である感性とし、理性の理念水準とは切り離すカント、ヘーゲルは、この悟性も個別・固定的で、運動や矛盾を捉えていない統合された概念になっていないとし、理性から切り離す。対象を理解する能力が悟性 understanding/Verstand で、その理解の

もとに推論統合をなすのが理性だと、一般化されるが、私たちは、認識規準＝統合能力によって印象直感判断能力のようにみなされて貶められている「感性」の意味を、感情や情動や情緒とともにポジティブに配置換えしていく。古典的哲学の認識論的な事幻化から切り離していかねばならない。

④情緒

「この街並には情緒がある」と言うが、「この街並に感性がある」とは言わない。情緒は対象がわの〈もの〉総体の様態への客観傾向、感性は表現がわの心身的状態化の様態に対する客観傾向である。より正確に言い換えると、感性とは表現者が対象へこめた身体化の様態であるが、情緒は対象が感受者がわへこめたことへの述語化の様態である。ともに、分離ではなく、対象と表現者・感受者との非分離的関係にある。「客観化objectification」というのは物化のことであって、認識ではないのに認識とされてしまっている。既存訳語の意味化自体が誤認にあるのだが、こちらの思考へといくべく、初源的に「対象化」としたほうがいいのかもしれない。対象への関与の仕方である。外の他なるものではない。

もうすこし、理論概念へ押し込んでいくと、情緒は象徴的な構成がなされているが、感性は想像的な構成の度合いが強いと、配置したい。これは、情緒は理解を規制するが、感性は理解を形成していく位置にある（しかし、理解の下位概念ではない！ 想像的に能動的である）。

私の世代は、情緒論というと数学者の岡潔をすぐに思い浮べる。そして文学者の辻邦夫の情緒論を読んでいる。この二人は、情緒として何を語っていたのか？

◉ emotion ◉

私は、<emotion>をこの感情／情動／感性／情緒の四つから成ると配備する。それぞれが、他へ混融したり相互変容したりして、完全な分節化は不可能であるが、傾向・性向の差異的な様態として分節化を指示化しておきたい。

①「感性─感情」と「情動─情緒」の対角線から成る。「感」と「情」の対応軸だ。そして、交叉的な隣接として②「感性｜情緒」と「感情｜情動」を対応させている。それは、③「情緒─感情」と「情動─感性」の交叉的隣接が対応していることでもある。こうした対比性と類似性は感情社会学がいじくりわましてきた形式パターンで、あまり意味はないのだが考えていく指標にはなる。ただ私はこの交叉的対応がメビウスの帯になっていると考える。その理論関係がLシェーマとして構成されている。

　①「感性─感情」と「情動─情緒」
　②「感性─知覚─情緒」と「感情─情感─情動」
　③「情緒─感覚─感情」と「情動─感慨─感性」

この微差をいかに対象化するかである。場所の局面で、変わっていく。

情緒は象徴資本の位置に、感情は経済的資本の位置にあり、情動─感性は想像的関係の想像資本に位置する。つまり、感情は情のエネルギーであり、情緒はそれを象徴的に秩序統御している。その間で、情動─感性が、感覚的かつ想像作用的に働いている。これらの連鎖は、文化資本において規制されている。感情は、情緒によって文化的に抑制されている関係にある。情動と感性は文化によって連動されている。

(113頁につづく)

SENEGAL

西アフリカ・セネガルの
海と川が育む暮らし

Une vie entre ocean et fleuves

写真・文 東海林美紀

Photo & Text by Miki Tokairin

西アフリカで多様な文化が混ざる場所

　セネガルをはじめて訪れたのは、もう20年近くも前のことになるが、首都ダカールに到着したときの光景を、今も鮮明に覚えている。当時、同じ西アフリカの内陸国で、サハラ砂漠が国土の3分の2以上にも広がるニジェールに暮らしていた私にとって、海に面し、豊富な魚介類を使った数々の料理に、植民地時代の面影が残る建物の多いダカールは、フランスに来たかのような錯覚を覚えさせた。内陸国で内気な人が多いニジェールとは違い、体格の大きな人たちが、ウォロフ語で豪快に話す姿や大地を揺らすような太鼓の音と踊りは、西アフリカで同じフランスの植民地だった国でも、ここまで違うものかと驚いたのだ。

　セネガルは自然条件から、国土を大きく北部と南部のふたつの領域にわけられ、北部は半乾燥地帯で、南部は湿潤なサバンナ地帯が広がっている。他の西アフリカの、特に内陸の国々と同様に、砂嵐や厳しい暑さなど、気候条件は厳しい地域が多い。また、奴隷貿易の拠点だった場所としての歴史を持つ。西アフリカでさまざまな文化が混ざる場所であり、厳しい自然環境に対峙してきた人びとが作り上げてきた文化が今も色濃く残る場所だ。

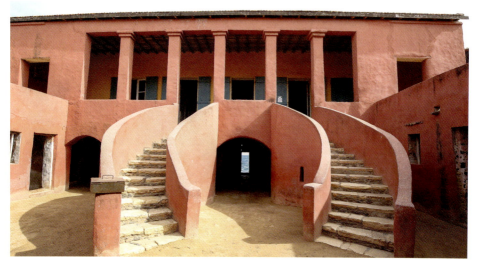

かつて奴隷貿易の拠点として使われていた、ゴレ島の奴隷の館。ゴレ島は首都ダカールの沖合にあり、船で20分ほどにある世界遺産に登録されている島で、大西洋奴隷貿易交易の重要な拠点だった。オランダとフランスの植民地時代の面影を残す。

サン＝テグジュペリの『星の王子様』でも有名な、バオバブの木。

モーリタニアとの国境近くにあるジュッジ国立鳥類保護区や南部などは、多くの渡り鳥が毎年飛来する場所としても知られる。

雑穀の収穫が終わったセネガル中部にある畑を、ロバが荷台を引いて走る。

沿岸部には各地に漁港があり、漁を終えて魚の水揚げが始まる午前中はたくさんの人で賑わう。

セネガル北部のセネガル川沿いの村に暮らすフルベ族の家族。

サン・ルイはセネガルの発祥の地ともよばれる古都で、フランスによって商館が建てられ、交易の中心として独自の政治文化が形成された。

セネガル南部は緑が多く、マンゴーの巨木が点在する。

米と雑穀を中心とした食文化

昼ごはんに必ず食べられるのは、米料理。朝はフランスパン、夜は雑穀のクスクスがよく食べられる。もともとセネガルは雑穀を主食としていたが、フランスの植民地化で食生活は大きく変わった。セネガル南部は米の産地だが、国内消費の多くを輸入に頼っている。

チェブジェン：魚とにんじん、大根、キャッサバ芋、キャベツなどの野菜をスパイスやトマトペーストなどを煮込み、その煮汁で米を炊いた代表料理。

ヤッサ：玉ねぎを黒胡椒やマスタードで煮込んで酸味をつけたヤッサは、鶏肉や魚の付け合わせで白米と食べられることが多い。揚げ魚やレタスなどのサラダ、祭事では羊肉と揚げたジャガイモと一緒に食べられることもある。

マフェ：肉や魚、野菜の入った、ピーナッツソースを使ったシチューで、白米と食べる。

スープカンジャ：パームオイルにオクラを入れて粘り気を出したスープカンジャには、肉や魚介類が贅沢に入る。

ハイビスカスジュースは子どもから大人までよく飲まれるジュースのひとつで、そのほかにも、バオバブやショウガジュースなどがある。どれにもたくさんの砂糖を入れて飲む。

緑茶に砂糖や生のミントを入れて煮立て、グラスに泡を作って飲むお茶はアタヤといわれ、食後に好んで飲まれる。

市場で売られるピーナッツ。フランス植民地政策の一環でセネガルで栽培されるようになった。

カザマンスで、村の祭事に使われる稲が保存されている伝統家屋。

パンヤノキなど、6本の木が共に成長して巨木となり、信仰の対象となっている。祭事には人が集まり、夜になると村の住民が祈りを捧げるためにやってくるのだという。

カザマンス地方の自然と信仰

セネガル南部のカザマンス地方の自然は豊かで、多様な生態系が広がっている。聖なる木々や神聖視される場所が多く、地元の人びとの信仰と深く結びついている。

クンポはジョーラ人の神話上のひとりで、ヤシの葉で身をかため、頭に棒をかぶっている。村の祭りで登場する。

伝統的な太鼓（サバール）のリズムに合わせて踊る、サバールダンス。

アニミズム信仰に基づいて統治されているウスイ王国の王。王以外の人物は赤い服を着てはならないとされる。

魔除けのためのグリグリは、さまざまな種類があり、生まれたばかりの子どもから大人まで、多くの人が身につけている。

カザマンスの内陸部の村の出身のセイニ・アワ・カマラは、アニミズムの要素を取り入れた作品を多く作成し、土の魔術師と呼ばれる。

セネガル相撲

もともとはセネガル中南部で、体の大きいセレール（農耕民族）人やジョーラ人が収穫後の農閑期（乾季）に村祭りで家畜や農作物等を賞品として試合を行っていた農耕儀礼であったといわれる。セネガルの国技といわれるほど、サッカーとともに国民の人気を二分するスポーツであり、どの試合も盛り上がりをみせる。

野外の土俵は直径30m程で日本の相撲の土俵よりも大きい。

力士が土俵に上がる際には塩をまく。

マラブー（呪術師）が力士の勝利を祈願して作った山羊の角や、コーランを書いた紙や木々が入った液体。試合の直前に、土俵上で液体を全身にかける。

最後のトリを飾る力士への声援はひときわ大きい。

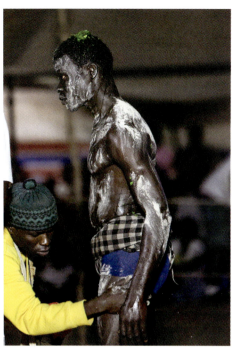

マラブーの勝利祈願や魔除けの塩や木の粉などを、力士の取り巻きが体に刷り込んでいる。

村の試合は子どもも女性も一緒に観戦し、最後の試合は皆が土俵に上がりだすほど盛り上がる。

力士の入場や試合の合間には太鼓や音楽に合わせて踊りが披露される。

相手の両膝や両手、背中に土がつくまで続けられる。

バイファルの人々とセネガルのコーヒー文化
Café Touba カフェ・トゥーバ
～池邉智基さんに聞く～
Interview with Tomoki Ikebe

コーヒーがよく飲まれるセネガルでは、焙煎したコーヒーにスパイスを混ぜた「カフェ・トゥーバ」が、セネガルの食文化に欠かせない存在だ。そして、このカフェ・トゥーバはセネガルで生まれたイスラーム神秘主義と深い関わりがあるという。セネガルでフィールドワークを続ける人類学者の池邉智基さんにお話を伺った。

池邉智基 Tomoki Ikebe
2020年京都大学大学院アジア・アフリカ地域研究研究科（アフリカ地域研究専攻）博士一貫課程指導認定退学。2021年博士号（地域研究）取得。主な論文に「ムリッド教団の祭事における言説的空間の形成―宗教的演説フターンの内容と形式に着目して」（『年報人類学研究』2020年、11号）、著書に『セネガルの宗教運動バイファル――神のために働くムスリムの民族誌』（明石書店）などがある。

バイファルの特徴的な髪型。伸びきった毛髪を針と糸を使って編み込むと、平たく伸ばしたような髪型になる。イブラ・ファルが髪を切る間も惜しんでバンバのために働くあまり、髪の毛が伸び切ってしまったことに由来する。

── セネガルは9割以上の人がイスラーム教徒で、暮らしのなかでもイスラームの影響が多く見られます。いくつかのグループがありますが、ムリッド教団とはどのようなものなのでしょうか。

ムリッド教団は、フランスによる植民地支配が進む1880年代にセネガルで成立した、イスラーム神秘主義集団（スーフィー教団）のひとつで、現在、全国民の約4割が所属しています。アフマド・バンバ（1853年～1927年）という宗教知識人が開祖で、働くことを奨励する特徴的な「労働の教義」をもち、政治的・社会的・経済的にセネガルでとても大きな影響力を持っています。この教団は、イスラーム知識人であるバンバと、その弟子たちによって作られた組織で、バンバとの血縁関係をもつ導師と、彼らに従う信徒たちで構成されています。スーフィー教団は、宗教教育をおこなう師弟関係を基礎として形成されたものですが、ムリッド教団はその関係が特に確固なものとなっています。

アフマド・バンバ（左）とイブラ・ファル（右）の写真。

バイファルはそのムリッド教団の内部に存在しており、バンバの弟子イブラ・ファル（1858年〜1930年）を祖とし、その教義はイブラ・ファルの口頭伝承に由来しています。宗教的規範は、導師のために献身的に働くことで、一般のムスリム（イスラーム教徒）やムリッド教団の信徒とは大きく異なり、イスラームの基本である礼拝や断食も行いません。

——バンバとイブラ・ファルの写真や塀などに描かれたグラフィック・アートは、セネガル国内のあらゆるところで見かけます。バイファルの人だけではなく、一般の信徒にとってもイブラ・ファルは特別な存在なのですね。

現代でも、信徒たちは特定の導師に忠誠を誓い、その導師のもとに帰属しています。その原型となるのが、イブラ・ファルなのです。彼は、バンバに対する忠誠と献身的に奉仕する姿勢から、タルビヤという精神的な修行を実践する者として認められました。ムリッド教団の一般の信徒とバイファルの違いは、導師に対して奉仕するという宗教的な規範において、バイファルは日常生活でその規範を徹底的に実践することにあります。導師への奉仕から、身体装飾、儀礼への参加にいたるまで、イブラ・ファルらしくあるということなのです。

ダカールの路上で托鉢をするバイファルの男性。

イブラ・ファルは、自身の導師であるバンバに対する忠誠心で、身を粉にして掃除、農業、水汲みなどの作業を行いましたが、それは、信徒たちが生活し、宗教実践を行う空間（ダーラ）を形成し、同時に身体的な労働を通じた修行を経験することでもありました。現代でも祭の際の食事の配膳やコーヒーなどの準備、モスク周辺の清掃など、一般信徒もこれらを行うことはありますが、基本的には、身体的に働くことはバイファルの領域とされています。路上で托鉢も修行であり、神のための労働のひとつと考えられています。路上でお金を集めたり、ドレッドヘアーや装飾品など、その奇抜な外見はイスラームらしく見えないのですが、彼らは組織内の師弟関係における奉仕活動を忠実に行なっているにすぎないのです。「神のために働く」という共通認識をもってそれぞれの導師のもとで組織化され、ムリッド教団としてイスラーム的に正しい知識を学び、実践しています。その組織は、国内各地で小集団を形成して活動していることから、組織ごとに実践内容は変わりますが、宗教的な解釈には変わりはありません。

ダカールの路上でカフェ・トゥーバやお茶を売るバイファルの男性。

――池邉さんが調査されてきたバイファルの方達と祭に参加し、彼らと一緒に過ごしました。同じ導師のもとでもそれぞれの組織によって特徴が異なり、組織ごとの結束の強さに驚きました。少人数で共同生活をしたり、世帯のある人も近くに暮らしていると聞きました。

信徒が導師に帰属することは、ダーラとダイラという、二種類の実践空間のいずれかに属することを意味します。現代のセネガルでは、ダーラとは「クルアーン学校」や「村」を指す言葉として使われています。つまり、ダーラには教育と労働というふたつの側面があります。ダイラは、「アソシエーション」や「宗教集会」などを指す宗教実践のことですが、それだけでなく、都市で生活する上での互助的な面もあり、人びとが農村から都市へと移動するなかで、農村のダーラから都市のダイラへと拡大していきました。都市のダーラで暮らすバイファルは、住宅地の空き地などにトタンと木材で作った小屋で質素な生活を送っています。

若者達の集まりで、神の名を唱えるズィクルを行う少年。

トゥーバの街並みとグランモスク。

—— イブラ・ファルも男性ですが、バイファルには男性だけがなれるのでしょうか。

バイファルとは、自己のアイデンティティを捨て、バンバのような師のために奉仕するという図式的な関係に身をおくこと。身体的な苦労をいとわず、あえて質素な生活を送ること。これは、男性主体の宗教運動だといえます。その「男性性」には、身体的な強さという観念が含まれています。バイファルのようにドレッドヘアーにしたり、パッチワークを施した衣装を着た女性版のヤイファルもいますが、バイファルほど主体的なものではありません。ダーラでは女性をあえて排除することで、欲求から自らを遠ざける目的もあります。

—— バイファルやムリッド教団の信徒に限らず、カフェ・トゥーバはセネガルで一般的な飲み物として定着していますが、セネガルではコーヒーは栽培されていません。コーヒーはどのようにセネガルに紹介されたのでしょうか。

カフェ・トゥーバは、コーヒーの生豆とジャール（ギニアペッパー）とよばれるスパイスを煎って粉末にして濾した、ドリップコーヒーです。ジャールは独特のぴりっとした刺激があり、砂糖の甘みと絡み合って深い味わいになるのが特徴です。セネガルでコーヒーをいつから飲むようになったか、いつからカフェ・トゥーバという飲み方が定着したのかははっきりとしたことは分かっていません。ただ、セネガルで日々語られる伝承から、ムリッド教団の開祖バンバと大きく関わっていることは明らかです。

19世紀後半にセネガル内陸部を管理下に置いていったフランス植民地行政当局は、宗教知識人のバンバのもとに人びとが続々と集まる状況を監視しており、抵抗運動を組織されることを危険視したことで、1895年に彼をガボンに流刑することにし

ヤイファルの女性たち。

朝から晩まで、1日に何度も飲まれるカフェ・トゥーバ。

焙煎したコーヒーの粉とジャールという香辛料がすでに混ぜあわされているものが市販されている。

ました。バンバはこの一方的な決定を、神と預言者への奉仕として受けいれただけでなく、流刑中に数々の奇蹟を起こしました。それによって人びとがバンバへの信仰心を高め、ムリッド教団の発展にもつながりました。そのためバンバの流刑は現代でも広く語り継がれている出来事です。

カフェ・トゥーバは、バンバの流刑期間中に起きた奇蹟に関係しており、現代では単なる嗜好品の枠を超えて、人びとの暮らしのなかに深く根付くようになったのです。現代でもよく語られる伝承を紹介しましょう。バンバが流刑の旅へと向かう道中に、一人のフランス人がバンバの殺害を画策しました。彼はバンバにコーヒーを渡して、そこに毒を入れようとしました。その瞬間、神がそのフランス人の意図をバンバに知らせました。そのため、バンバは毒を入れられる寸前にコーヒーを飲み干したので、毒を飲まずに済みました。バンバがこの出来事をきっかけにセネガルにコーヒーを持ち帰り、人びとに振る舞ったと言われています。

コーヒーにお湯を注いで濾し、それに砂糖を加える。

カフェ・トゥーバを淹れるバイファルの男性。少し泡立てるように高いところから注ぐ。

祭りで大人数の食事の準備をする
バイファルの男性とヤイファルの女性。

カフェ・トゥーバに欠かせないジャール
（ギニアペッパー）。

—— そのような背景があったのですね。バイファルの人たちと一緒にいるときに、体調が悪かったり疲れていると、カフェ・トゥーバを勧められることがありました。

　他にも、流刑地のガボンに到着して軍人に連れられて歩いていたとき、神がバンバにコーヒーの名を告げたという伝承もあります。疲れ果てていたバンバは、その神の声を聞いて、軍人にコーヒーを頼んでそれを飲んだところ、薬のようにバンバを癒したというのです。他にもバンバがコーヒーと出会った経緯には様々な異伝があるようです。

—— バンバを介してセネガルで広まったカフェ・トゥーバは、ムリッド教団の信徒や、特にバイファルの人びとにとっては特別なものですね。路上でカフェ・トゥーバを売っているバイファルの人も多いと聞きました。

　カフェ・トゥーバは路上で50〜100フラン（日本円で約12〜25円）で販売されていて、常に七輪の上で温められているので熱々の状態で飲めます。最近では、小規模でもカフェ・トゥーバだけで屋台を設置している人もいます。基本的にはコーヒーとジャール、そして砂糖が基本ですが、クローブを入れていることもあり、人によっては粉ミルクを入れたり、レモンを絞って入れることもあります。一般の家庭で淹れることも多く、家々で焙煎することもあります。
　また、カフェ・トゥーバはムリッド教団の祭など、宗教的イベントでは必ずと行ってよいほど登場します。ラマダーンになるとバイファルたちがカフェ・トゥーバを用意して、夕方頃に市場や路上などで無料で道行く人びとに配る姿を見ることができます。こうしてカフェ・トゥーバを配ることも、宗教的な「労働」として実践されているのです。

—— バイファルの人たちが皆で一杯のカフェ・トゥーバを回しながら飲む姿を見ていると、集団の結束を強めているものでもあり、人をもてなすものとして、セネガルに特有のテランガ（おもてなし精神）を反映したものでもあるなと感じました。どうもありがとうございました。

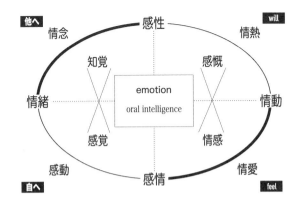

　本質的なこのZ図関係に対して、社会空間は、〈情動―感性〉を社会的なものへ転じて——文化資本を従属化ないし排除して——感情を感情労働へと労働優位（生存の主要な場）の場で規制していき、情緒を想幻的に疎外転移してしまう。労働の場で、情緒など呑気な無意味なことをしているなと排斥する。これらを、個人化へと閉じてしまうのだ。趣味の場でしていろ、と。感性は鈍らされ、情動は欲望化され、感情は閉鎖的に押し殺され、情緒は枯渇される。社会はエモーションを自己性へと閉じ込め、主観・主情化する。エモーションの主体化＝従体化を、欲望の主体化＝従体化とともになしている。

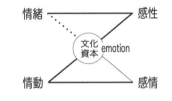

　「情緒資本」として、私が資本作用させることを強調するのは、その「情緒」資本の象徴パワーを解き放つように働かせて、感性を生き生きとし、情動を豊かにし、感情を感覚の力として自制的に稼働させることを意味する。かかる非自己と自己との自分技術の情緒的遂行である。
　emotionとは、ラテン語でēmōtiōnis、つまり〈ēmovēre〉stir up（掻き立てる／奮起させる）からきており、それはout-movēre(move)で、動きの外へ出ることである。
　感激、感動、激動という次元から情緒まで含み、<emotinal>は感動しやすい、情にもろい、感情に訴える、という形容的用法になる。「主情」という「主〜」を使う言表／概念空間は捨てた方がいい。
　感情資本主義や「感情労働」は、<emotion>の意味を多分にはき違えて、表層だけで現象を追っている。そこには根源的な誤認が巻き込まれている。
　感情労働は、「怒り、不信感、落胆、動揺、焦り、緊張、悲嘆、ムカつき、葛藤、猜疑心、憎しみ、悔しさ、諦め、いらだち、嫉妬、ショック、無念さ、やりきれなさ、疑問、苦しみ、もどかしさ、嫌悪感、物足りなさ、違和感、虚しさ、ストレス、不安感に心が占領されていく」（岸本裕紀子『感情労働シンドローム』PHP新書、p.20-21）と、ネガティブ心情がオンパレードに次々に並べ立てられると、その実際に近づいたかのようなつもりになる。こんな状態になったなら「気持ちが疲れていませんか？」などと呑気にしていられない。個人として完全な窒息状態である。感情が押し殺され消された感情で、これでは個人抹殺だ。感情を否定する感情労働の指摘である。ハッピー労働がかき消されている。しかしこれは、認識から感情を見ている大学言説で、シニフィエされた感情をつ

かみとっているだけで、感情のシニフィアンを見れていない。感情の連鎖さえ掴めていない。感情状態とその外在的関係が四重の円環配置でカオス的に表示されている James Russell らが表した、Circumplex Model の構造配置は、神経心理学からの単純化で、横軸の快楽（楽しさと不満・不快）、縦軸の喚起的なもの（活動性と不活動性）の対比で、警戒・興奮・幸福、満足・リラックス・穏やか、退屈・失望・悲しみ、嘆き・怒り・緊張、の四隅に配置した。その変形が多々作成されている。これは、感情の態度・活動性であって、非常に不備なものでしかない。膨大なエモーション研究が様々な専門研究からなされているが、整理された論述さえまた様々と果てしない。

いかに混乱しているか、それは経験からの指摘でしかないものを、科学的な心的客観化を使っているかのように配置整理しているもので、理論的な考察になっていない。私たちの社会生活が、いかに仮象的状態にあるかの表象を示しているとは言えよう。しかも、「非反省的な感情 nonreflective feeling」とされている。意味脈絡がない、散逸的状態の現状を示しているとも言えるか。

私のスキームは、そうした状態からいくらかでも脱していくための指標である。

emotional work には、駆り立てる、奮い立たせる作用も込められているはずだ。ネガティブなものでさえ、そうさせる力が作用している。そうでなければ、とてもこんな労働に耐えられるものではない。事実自死へと追い込まれるケースも出現している。だが、そこからの脱出は、驚くほど能天気なノウハウで示される。

emotion を、私たちは、feeling と will（意志）との間で、両義的に考えざるを得ない。一義的な意味確定はできない。日本語化されている漢字では、「感」と「情」と間に潜んでいるシニフィアンの探索である。単純にプラスとマイナスで考えられないのだが、傾向性としてマイナスの「感情」とプラスの「情緒」として価値的に配剤し、その中動性を「情動」と「感性」と設定しておこう。情動は、affection の意味合いが入っているが、恋愛感情においては、emotion/affection が動いているというように配備しておく。

・affection と love

affection は、愛情、情愛、愛着、愛慕、といった気持ちであるが、ネガティブには病理学でいう病気・疾患（ex. 心臓病、神経病）を指す。affect なる動詞は、影響をおよぼすことで、病気に襲われるというような「悪い効果・変化を直接に起こすこと」であり、そこにさらに、感銘を与える、感動を起こす、強く打たれたなどを意味する。これもまた両義的である。感情を一義的に決めることはできない。笑いにも苦笑があり、泣きにも嬉し泣きがあるように。affectation は、振りをする、見せかける、気取る、を意味する。

af- とは to、-fect は facere = do であり、affectāre は strive after ないし aim at の意味である。対象があるということ。

愛 love は、この affection が同時に作用している。情愛は、相手を苦しめることさえ働かす。愛と憎しみは、対立関係にはないのも、アフェクトが作用しているからだ。さらに「好み・好き gust/like」よりも「嫌い disgust」の方が論理的である。

・エモーションと身体技法

エモーションには身体技法・身体表象が必ずともなう。喜んだ時、上へジャンプするのは目的対象とするものへの行き場がないからだと説明されるが、行動制約の働きもあるということだ。

表情、顔情がいちばん顕著な感情の身体表現である。「顔に出る」。

悲しいときに涙する。喜びの時も涙することがある。ともに、感動の身体表出として

の「涙」＝泣くだ。つまり、涙は、感動次元でのこと、悲しさや喜びは感情の表出であり、感動と感情の両者の統合としての身体的表現になる。

　識別し難い、分節化が難しい、意味が混在してくるのはシニフィアン連鎖が複雑に行き交いしているためであろう。エモーションの状態を仮説的に分節化しておかないと、考察が進まない。身体技法・身体表象がそのまず手がかりになる。

　犬は、主人が泣いていると慰みに来る、と聴いていた。散歩しているとき、リードが外れてわが愛犬は喜び逃げ去った。私が追いかければ遊んで、彼女はさらにこちらを見ながら逃げる。向こうは車が頻繁に通る道路、危ない。私は、この聴きづての話を思い出し、エーン、エーンと鳴き声で呼んだが、彼女はこちらを見てはいるがこっちへ来ようとしない。そこで私はうずくまり、彼女を見ずに、頭を下げて本気で悲しんでいるように泣き声を出した。するとしばらくして、彼女は私のそばにきて鼻をこすりつけてきた。私はほっとした安心感とあまりのその可愛らしさに抱きつき、リードをかけた。つまり、泣き声だけではダメで身体動作を愛犬は感知したということだ。私と同じくらいの大きさのピレネー犬である。犬の臭覚はすごいもので、これはただ聴覚と視覚だけではなく、匂いの方にも変化がないと、多分彼女は感知できないと推察する。

　つまり、もう鈍麻している人間の感覚でも、身体技法の情感表現には視覚だけでは了解できないものが関与してある。

　感情の感覚表現としての身体技法と位置付ける。つまり、感覚と身体の非分離関係から表象される感情指示である。情緒は身体レベルでの内的状態化である。

　例えば怒りの表情、顔が膠着し、まさに目が釣り上がり、腕が振り上げられたりする。セネカがそれをよく表現している。モリスの「マンウォッチング」に例示がある。

・**文学に記述された感情表現の分類化**

　中村明『感情表現辞典』である。作家197人の806編を中村なりに整理している。中村は、同時に『感覚表現辞典』をまとめている。網羅的なようで、よく見ると実に限られている。エモーションへの一種の知的分節化は、欧米でもそうだが100ぐらいでなされるようだ。そこから先は、ただ混在していく。知性・理性の統合的作用と比して、やはりエモーションは対比的に非統合的に分散される、とされる他ない。理論性をそこから掴み取るということは、やはり一種の分節化をへての指示・派生をへての統合次元を構築する事になるのか?!

　感情表現としてリストアップされた大きな括りは、19種から10種へとまとめられた。喜・怒・苛・悲・淋・鬱・悄・苦・安・悔・昂・感動・好・嫌・憎・驚・怖・恥・惑に対して、哀（悲・淋）、厭（鬱・悄・苦・悔・嫌・憎・惑）、昂（苛・昂・感動）、と括り直して10種だ。ここで、無意識になされていることは、状態と動作とを識別なく括っているとき、形容詞と動詞の区別が感情表現では意味をなさないこと、また同じ言表でいながら相反的なものを表現すること、一つの感情動作を巡って多様な表現法がなされていること、語の選択、言い回し、表現法で眺望されている。中村の分類化を手がかりにして再構成することが要される。

　感覚表現は、五覚から、視覚が「光彩／色彩」「動き／状態」、聴覚が「音声／音響」、「嗅覚」、「味覚」、触覚が「触感／痛痒／湿度／温度」と、12に分類されている。感覚表現は対象がはっきりしており、そこから派生する情感表現が身体に近くでなされる。これも手がかりに再構成すべきものと言える。

　だがおしなべて整理不可能に困惑し、どこにも画定的なものは見出せない。

　ただ、情緒資本論として明らかに掴み取って行きたいのは、多くを占めるネガティブ

な感情編成の暗い界ではなく、少ないながら享楽のポジティブな構成的世界の明るさだ。そこには複合的な相反表現が織り込まれる。まさに〈 〉関係にある。資本シニフィアンの元気な作用をそこから何よりもつかみ出したい。痛みと共感のポジティブな〈開き〉である。

不定世界をポジティブ関係世界へ変換する

　欲望─不安の否定表出を裏返すという、もっとも非ラカン的な大胆な仕方をなしてみる。それは、不安の場所に「情緒」を置く。すると欲望＝制止の位置に何が配置されるのか？　できないに対しては「できる」を、「知らない」に対しては「知る」を置く。

　アクトへの移行における落下に対して「登場する」、水栓を開くということはそのまま。acting out に対しては acting in、当のアクトの原因となる事実から生じるものを。動きは逆転し、困難さの度合いは逆向きで風通しとでもとりあえず言っておく。原因と a（理想）はそのまま。

　こういう配置をしていくと「？」には「享楽」しかないとなっていく。欲求でも要求でもない。なぜか？　不可能と対象 a とに関わっているからだ。裏側（しかしメビウス帯として裏にあるように見える）には、上図の世界が張り付いていることを忘却してはならない。一面的な可能さやポジティブなものは実際にありえないのだから。それを外すと、ただの表層の近代情感・近代感情になってしまう。

享楽	できる	原因
知る	（エモーション）	up
a（理想）	Acting in	**情緒**

　本質的に一つであるが、見せかけで裏表に重なっているこのネガとポジの配備から、何をどう考えていけばいいのか、という問題構成配置である。

　情緒は、登場アップして原因を構成して「できる」ものとして享楽へ向かう。もう一方で、act in して理想なるものを対象に構成してそれを知ることで享楽へと向かう。この起点となっている「情緒」の意味作用は「不安」の機能の逆向きになるが、機能自体に変更はない。

　人は、ネガティブ感情になったとき、それを縮小ないし解消しようと、ポジティブなものへと向かう。失恋して「海」を訪れ癒す、とよく言われるように。「海」を対象にすえて胎内回帰しているのだ、と。a にラカンは父の名を据えていくが、ポジ表では、母／女が対象に配置される。そこに真理＝知るものがある。

　そして、このポジに分析言説を対応させ、ネガに主人言説を対応させる。分析言説は、解析する言説作用であり、主人言説は遂行する言説作用であるとする。

　そして、エモーションは社会言説の真ん中に対象 a として配置されているのだ。この社会言説の構図は、何度でも考えること。

　エモーションは、社会言説においてポジであろうがネガであろうが泥まみれに侵食されている。

　情緒資本論は、そこからの離脱を可能条件として開くことだ、その理念的配置をなすことである。それが、近代的仮象に絡めとられないために、こうした規制諸関係を配置している。元気になることは、そう簡単なことではないが、明るく生きようとすることはたいせつな実際行為である。欲望によって行為が制止され、断念さえさせられているところでのエモーションの汚染を少しでも軽減していくことの通道である。

そのためには、情緒を出発点にして、およそ100もある諸感情をボロメオの輪の配置へと症状整理していかねばならない。情緒とエモーションの関係が調和的に調整されていくことの通道である。病的本質からラカンが明らかにしてきた心的機能の機構を解くことはできないが、青空のもとで憩う時間と場所は、仕事が絡んでもありうるという理想を実際行為できない瞬間はないし、実際にそうしている「時」と「場所」はある。

D) 日本の情緒論の地平

「不安」を導入的序論として、次に私たちはどこへ向かっていけるのか。
そこにそびえるのは、膨大な、社会史研究からの「エモーションの歴史」と網羅的とも言える「社会学によるエモーション論」である。この二つは、多くを語り、そして何も言っていない「認識」に属する。知と言説の閾を突き抜けていない、その前に佇んでいる。つまり、情動、感情、感性、情感などに対する「カタログ」でしかない。だが、それが、エモーション論の界であるとも言える。本来ならば、むしろ、文学を対象とすべきであるのだが、それはもっと膨大になり、行方がわからなくなる。
どうしたならよいか？　日本人で二人の「情緒」論を語ったものがある。辻邦生と岡潔だ。これは、情動論ではない、情緒論である。エモーションではない、感情でもない。そして、「いきの構造」に隠れてほとんど忘れ去られているが九鬼周造の「情緒の系図」がある。西欧的エモーション論をクリティカルに見直す上で、踏まえておきたい「情緒」論である。情緒資本論は、これらの媒介の上で西欧的に整理されたものの限界を突き抜けていかねばならない思考技術を理論的に要する。

(1) 辻邦生の情緒論

辻の言う「情緒」は <emotion> である。その問題設定は、想像力の恣意性から脱するには、主観の恣意性にとどまらずに、また客観の拘束性を認識論へ還元するのでもなく、認識活動を眠らせ「ひたすら情感的な心的作用」を働かせることとされている。emotionを相反的な作用から見て、情緒をポジティブに生の作用として見ていくことで、私はエモーションを超絶している「情緒」をそこに見る。
〈もの〉〈出来事〉に対して、その外的な内容ではなく、当事者としてどう内的な経験として同化し、そこに意味を構成し付与して同化していくかが情緒だと辻は言う。
生の場の根源に情緒を辻は配置する。「「生きてある」ことが〈よきこと〉であり、一切のはじめだということが、そこで、一つの決断として引きうけられる」こととポジティブに配置する。いかに苛酷な条件であろうと、生の意味すら見失いがちになろうと、苦悩し彷徨し、自己否定の形をとらせられようと、情緒が生の基本軸に見合って、それへの〈適・不適〉が〈喜び〉〈悲しみ〉の、〈明るさ〉〈暗さ〉の対立を作り出しながら、自己存在を証明するごとき超越的な根源の存在から生きてある存在がある、と言うのだ。
そのとき、辻は、認識や実践の在り方ではないもの、知覚でも無いものとして、情緒による「意味」の場所への直覚的な了解とその身体的な状態化への身体的判断を、先立つものとして配備している。〈意味〉が生の基本軸に対する〈適・不適〉の判断内容として、様々なレベルの〈必要〉〈願わしさ〉に対する適合度合いであるとすれば、情緒は身体的判断によるその度合いへの反応である。

(2) 九鬼周造の「情緒の系図」

「新万葉集」から短歌を取り上げながら、九鬼は情緒を系図化していく。

(1)準主観的な情緒:「嬉しい」「悲しい」
　善という意識は嬉しさを、悪という意識は悲しみを起こす。精神が一層小さい完全から大きい完全に移るのが嬉しさ、精神が一層大きい完全から小さい完全に移るのが悲しみ。この「心の奥に深く感じられる感情」に対して、外部へ向かって方向を提示された場合、「喜び」「嘆き」。
　嬉しさの末消形態は「楽しい」、悲しいは「苦しい」。
　これらの気分の根底には、「快」と「不快」の感情が指導的意味をもっている。
(2)対象への志向性:「愛」と「憎」
　「うれし」は「うるはし」=「心—愛し」。
　愛する対象を現前において、その内包的、外苑的、危機的、存在論的性格が、「親しい」「飽足らない」「惜しい」「果無い」。過去的感情が「懐しい」、対象の欠如を未来において補充しようというのが「恋しい」。その裏面が「寂しい」。寂しさに悲しさが加わったのが「侘しさ」。日本の精神生活は、寂しさや侘しさの欠如性を楽しむ「寂日」「侘び」にまで訓練されている。
　「憎」に応応する内包的な現在感情が「厭」。存続に対する世紀末的感情が「煩はしい」。自己の過失、罪悪に関する想起である「悔」。事物・事象の未来における生起に対する憎みの情緒が「恐」。
　「惜しい—煩わしい」「懐しさ—悔」「恋しさ—恐れ」、は時間的に着色されている。
(3)時間的の規定を離れ、①対象そのものの一般的性格に規定されているもの、②対象の特殊的作用に規定されているもの、③対象の所有性格に規定されているもの。
①愛する対象が自己より小さい場合が「労り」。労りの客観的感情の裏面い、主観的感情の「優しさ」。自己より著しく大きい場合は「畏れ」。愛情が濃かであると「甘え」。
　憎む対象の存在性格が自己より小さい場合は「蔑み」、著しく大きい場合は「諦め」。
②愛すべきものが与えられた場合、愛をもって反応するのが「恩」すなわち感謝」の情。憎むべきものとしての反応が「怒り」。怒りが抑鬱的持続的になったのが「怨」。怒りが正義感に根ざして道徳的様相をとったものが「憤」。
③自己の所有物が愛すべきものであれば「誇」。誇が持続し変質すると「高慢」。自己の所有物が憎むべきものであれば「恥」。恥が持続すると「卑屈」。
　他者の所有物が愛すべきであれば「羨」。それを自己が代わって所有しようとする競争心が加わると「妬み」。羨は、他者は愛の対象、妬は憎の対象。
　他者の所有物が、憎むべきものであれば、他者が憎の対象だと「いい気味」、愛の対象だと「憐み」。「憐み」万物に向かって憐憫。有限な他者・自己であるとき「もののあはれ」で、万物の有限性からおのづから湧いてくる自己内奥の哀調である。客観的感情の「憐み」、主観的感情の「哀れ」は互いに相制約している。

　以上は、快・不快の感情で、その関連がある。
(4)それに対して、弛緩の感情に指導される一群の情緒がある。
①緊張を本質とする「欲」、対象が一定している。欲が可能的対象へ緊張するのは、現実における対象の欠如に基づいている。人間が個体として存在する限り、存在継続の欲と、個体性の主観的感情である「寂しさ」とを根源的情緒として有つ。寂しさは自己否定において「哀れ」と憐れみ」(アガペ)へ放散するとともに、他方自己肯定において「恋しさ」(エロス)の裏付けに集中する。
　欲は、達せられた場合に緊張が弛緩して「満足」、達せられない場合に「不満」、半ば緩み半ば張った不快感である。満足は、「嬉しさ」と「楽しさ」に分岐し、不満は「悲しみ」と

「苦しみ」に分岐する。
②対象が一定していないで、対象と対象との間を振子のように来往するところの緊張感が「疑」と「惑」。志向の対象が未来の地平に動揺して生じる緊張の情緒。未来に残されている決定の根拠が客観の側にあるのが「疑」、主観の意志に依存する場合が「惑」。
③欲の対象への到達に関して「疑」がある場合に、「希望」と「心配」を生じる。
　「希望」とは愛すべき対象を未来の時間的地平に有血、かつその到達に或る度の可能性がある場合の張り切った快感。
　「心配」とは憎むべき対象を未来の時間的地平に有血、かつその到来に或る度の可能性がある場合の、張り切った不快感。
　希望の中に心配が含まれ、心配の中に希望が含まれている。
　希望に対する蓋然性が極めて大きい場合「頼もしい」緊張した快感が、蓋然性が確実性に到達した場合は「確か」という感情が起きる、弛緩した快感である。
　蓋然性が小さい場合、「覚束ない」、緊張に傾いている不快感。
　蓋然性が減少して零になれば「絶望」の弛緩した不快感情。心配通りの結果。
　希望がその反対の結果に突然なった場合は「失望」という特殊の情緒が起きる、弛緩した不快感。
　心配がその反対の結果を見た場合、「安心」という情緒、弛緩した快感。
　「希望―心配」関聯の中の客観的「疑」の契機に主観的「惑」も加わった全体的緊張感が「不安」の情緒。一か他かの決定を孕んでいる危機の情緒が「不安」であり、不快だとは限らない、緊張感の具体的全体として、人間欲の緊張性そのものによって本質的に試薬された気分、未来の可能性を本質として孕むものの懐妊の情緒。
(5)興奮、沈静の感情が指導的意味をもっている情緒、「驚」。快不快に属さない中性的無記感情で、不苦不楽受である。偶然性に伴う存在論的感情。有ることも無いこともできる偶然があった場合に驚く。稀に見出した偶然性のために驚く。偶然の稀有は「珍しい」、無記性から快感へ移りかけている。「ともし」から「乏し」、「珍し」から「愛らし」への移行。
　珍しいことが同時に小さいことで、突然に場面に出現すると「可笑しい」という驚の感情を起こす。他者の失策に関する「いい気味」は自己の喜びとして笑いを誘う。可笑しいという感情は、著しく知的、論理的な感情。
　大きいものに関する驚きは「厳か」。道徳的色彩に富んだ感情、快不快の混合感。
　雑多の統一に対する驚きは「美しい」、芸術的の感情。
　驚きの対象に関して、存在の理由が知性の透徹を欠くと気、疑が混入して「怪しい」、宗教的情操への通路になる。
　「驚」の情緒が、知的情操、道徳的情操、美的情操、宗教的情操へと発展すべき系譜的意義を暗示している。

　このように、九鬼は、興奮沈静情緒としての驚の「偶然性の情緒」、緊張弛緩情緒の全ては未来の可能性に関する「可能性の情緒」、感情の一延長説を基礎付ける快不快情緒を「必然性の情緒」と呼べるとした。
　そしてしばしば見られる情緒として、①生存、その存在に関する「驚」と「欲」、」②自己保存に関する「恐」と「怒」、③種族保存に関する「恋」とその裏面の「寂」、④生存の充実、不充実の指標として主観的感情の「嬉」「悲」、客観的感情の「愛」「憎」とまとめた。
　これらの系図を次のように描いている。かかる連鎖、相反対比は、理論化する上での指標になる。

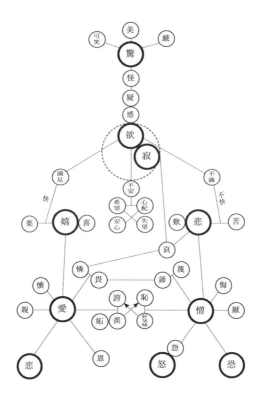

【参照文献】

Jacques Lacan, *Le séminaire livreX: L'angoisse*, Seuil, 2004
Colette Soler, *Les affects lacaniens*, PUF, 2011
Eva Illouz (ed.), *Emotions as Commodities: Capitalism, Consumption and Authenticity*, Routledge, 2018

『今昔物語集』とは何か（3）

Konjaku Monogatarishu:
A New Stage in its Research and Methodological Development in Japanese Literary History

鈴木貞美
Sadami Suzuki

●すずき・さだみ
1947年生まれ。東京大学文学部仏文科卒。国際日本文化研究センター及び総合研究大学院大学名誉教授。主著に『西田幾多郎―歴史と生命』（2020）『日本人の自然観』（2018）『日本文学の成立』（2009）（すべて作品社刊）など。

　芳賀矢一には、口語体からも対句的語法が消えないことは面白くなかっただろう。だが、このような状態に置かれた、とくに中等学校生徒は、世にいう「美文」を身に着けたいが、何が「美文」か、よくわからなかった。立派な文章をいうのか、それとも狭い意味での「文学」的文章をいうのかさえ朧気だった。いや、実社会で通用する文章とは、どのようなものかも、規範が失われた状態におかれた。そこで「美文」のハウトゥーものが流行した。だが、それらには、著者のまちまちな意見が飛び交うばかりだった。
　そこで、冨山房の編集者で、詩人、翻訳者としても活躍していた杉谷代水が、1903年より国定教科書制度に切り替わったことを機に、冨山房の『国語読本』に関与するようになった芳賀矢一に持ち掛け、刊行したのが『作文講話及文範』だった。本文は杉谷代水が執筆し、「美文ブーム」にもかかわらず、中等学校の作文指導に体系だった規範がないことを訴えてはじまる。芳賀矢一は、先の〔序〕を寄せ、注に、本文の主旨とは別角度から短いコメントを付しているだけだった。
　芳賀は次に『国文学史概論』（文会堂書店、1913）を刊行するが、その目次を一瞥しただけで、『国文学史十講』に、その儒学と仏教の二面を補っていることがわかる。いわば全領域をカヴァーする姿勢に換えたのである。
　芳賀矢一は『国文学史十講』では『今昔物語集』を「雑史」としていた。各説話に時と場所を定める記述方式から史書の一種と判断したからである。ところが、『国文学史概論』では、『今昔物語集』を「世界伝説研究書に取りて至大の書」と詠いあげ、同年、まだ「稿本」と断りながら『攷証 今昔物語集』（冨山房、1913）を刊行した。その〔凡例〕の最初で、『今昔物語集』を日本で「最古最貴の説話集」と喧伝している。
　『今昔物語集』は、常識的に見れば仏教説話と世俗説話を一千余篇、収録している。そ

の規模と多彩さにおいて注目に値する。だが、仏教説話なら、私度僧として活躍した景戒が平安初期に薬師寺の官僧となって編んだ『日本霊異記』があった。芳賀矢一は『国文学史概論』で、それにふれているから、知らないわけではない。いわば仏教説話を外して「説話」の語を用いていることになる。

『今昔 震旦部』の説話は、儒者による孝子伝や正史の叙述、『荘子』にも広がっているが、芳賀矢一は、中国・唐代に道世が編んだ類書『法苑珠林』を、その各説話の典拠と定めていた。仏の法力が歴史にもまた仏教を知らない人々にまで及ぶ「感応縁」の考えによるものであることは、すでに述べた（今日では典拠のそれぞれがかなり明らかにされている）。だが、芳賀矢一にとってはそれも、仏教説話を外して民話のような意味で「説話」の語を用いてよいとした理由になっていたかもしれない。

しかし、そもそも「説話」の語はジャンルを超えた概念である。近代の学術用語としての「説話」も、その意味で確立していた。20世紀のはじめ、ドイツの神話学が輸入され、それまで伝説や伝承と呼ばれていた『日本書紀』の「神代篇」などを「日本神話」と呼ぶようになった。高木敏雄『比較神話学』（博文館帝国百科全書、1904）は〔凡例〕で、神話中の一話一話を指して「説話」と呼ぶとしている。ジャンルを超えた「話」の意味である（なお、ドイツ神話学はマックス・ミュラーの影響が大きく、印欧神話を対象とするので、比較神話学を不可避にとりこんでいた）。

そして藤岡作太郎はその用語法により、『国文学史講話』（1908）で、地名の由来を説く神話などを「説明説話」、因幡の白うさぎの話などを「動物説話」と呼んでいる。これは、古代人の国ツ神への信仰にかかわるもので、仏教信仰が浸透する以前の神話にかかわるといってもよい。

それは、また「文学」概念を、人文学一般に広げて考察する態度によるものである。藤岡作太郎は、『国文学史講話』のなかで、「純文学」すなわち狭義の「文学」を尊重しつつ、範囲は広義「文学」にとることを明言している。広義と狭義の二つの「文学」概念が対立する状態を解決するための穏当な策だった。

そのような学術的考察とは無縁なところで、芳賀矢一は『今昔物語集』を日本最大の「説話集」の代表として押し出した。背景には、19世紀後期から20世紀前期にかけて、民話や民謡の調査・採集が盛んになり、言語学・文芸学・民族学など人文諸学の探究を「民話」（メールヘン、フォークロア）に向ける大きな流れがつくられていた。芳賀矢一の提言は、『今昔物語集』は、ドイツのグリム兄弟による『グリム童話』（Kinder-und Hausmärchen, 1612, 15）に優るとも劣らない「日本の民話」の集成と打ち出したに等しい。西洋におけるメールヒェンも、神・儒・仏・道の交錯するなかでつくられてきた日本の説話も、民間の習俗とかかわりながら展開してきた点では同一性をもっていよう。が、そこには歴然とした差異もある。その同一性と差異をはかる探究とは無縁なところで、それは日本の説話をみな「民話」と一括りにしてしまう態度といえないだろうか。

当代において、国際的に「民話」や「民謡」に知識人の関心が集められたのは、国民国家の形成に向かう過程で、公権力や教会の権威の下で生きてきた民間の人々の言語や風俗習慣に、改めて照明を当てようとしたからである。グリム兄弟はドイツ語研究の一環として「民話」を収集研究したのだが、芳賀矢一は、日本には、すでにその材料が揃っていることを誇示するような姿勢を示したことになろう。

院政時代からあふれた日本の説話集は、たしかに、公権力や宗教的権威の人々とともに、民間の人々の風俗習慣を映してはいる。だが、説話集ごとに、目的も編集の姿勢もちがう。それによって、そこに映し出された人々の相貌もちがう。誰が何のために集め

編んだのか。素材は編集の思想によって、いかようにも変貌する。その意味で、『今昔物語集』は日本が誇るべき「民話の宝庫」ではない。しかも、グリム兄弟が商業目的で編んだ『グリムズ・メルヒェン』でも、たとえば実母による子供の虐待が、教育的配慮によって、継母の所業に書き換えられていた。

　ついでにいえば、『グリムズ・メルヒェン』は「グリム童話」と翻訳され、明治中期から「お伽噺」というジャンルで活躍した巌谷小波の実作などを含めて、今日「児童文学」として括られている。「児童文学」は1920年代に「昔話」や「お伽噺」、「童話」などを総称するジャンル概念としてつくられたもので、読者を尋常尋常小学校の「児童」に絞る含意をもっていた。それゆえ、高等小学校や中等学校生徒を対象にした「童話」を書きたかった宮澤賢治は、自身の作品を「少年文学」と呼んでもいた。これらすべてが近現代のジャンル概念の変貌のなかで起こったことである。

　民謡の方は、欧米では農村地帯の歌謡を掘り起こし、楽曲に用いた。アメリカでは19世紀半ばにスティーブン・フォースターの歌曲がよく知られ、ロシアでは19世後半、モデスト・ムソルグスキーら「国民音楽」派5人組が活躍、フランスでは詩人たちが民謡のことばを用いた「シャンソン」が都市で流行しはじめた。

　日本でも森鷗外・上田敏らの提言により、文部省が「民謡」の採譜を含めて収集にかかり、詩人たちも掘り起こしを進めた。中国では古代から「楽府」という官吏の機関が宮廷音楽とともに民間の歌謡の採集にあたってきたが、日本には、その役所はなかった。後白河法王が平安中後期の都の流行歌（今様）を収集した『梁塵秘抄』の一部が1911年に佐佐木信綱らによって発掘され、注目を集めた。中世には　小唄集『閑吟集』や江戸時代には、天中原長常南山編『山家鳥虫歌―近世諸国民謡集』(1772)が編まれていた。

　日本の場合、農村の「俚謡(りょう)」は、中世から遊郭などで一定の洗練を加え、都市にも小唄、端唄、都都逸（どどいつ）など「俗謡」が流行してきた。それは西洋諸国にはなかったことである。欧米と東洋では、また中国と日本では、古代からの文化史の展開がちがうのだ。そして、大正期には「新民謡」も作詞・作曲され、昭和にかけて「～音頭」がレコードになってヒットしてゆく。ただし、「俚謡」と「俗謡」の呼称は根強く残り、「民謡」と総称されるようになったのは、第2次世界大戦後、NHK『のど自慢素人音楽会』からのこと[1]。

　芳賀矢一『攷証　今昔物語集』が刊行された1913年は、奇しくも、というべきか、柳田國男と高木敏雄が雑誌『郷土研究』を創刊した年でもあった。高木敏雄は、その前年『新イソップ物語　世界動物譚話』（宝文館、1912）を刊行してもいる。柳田國男は、内閣文庫中に保存された江戸中期以降の奇談類を対象とする民俗研究を開始していた。博文館の校正係を勤めていた田山花袋との共著のかたちで刊行した『近世奇談全集』（博文館続帝国文庫、1903）がそれである。宮崎県椎葉村で発掘した『狩之巻』に伝聞を補足した「後狩詞記(のちのかりことばのき)」(1909刊)や花巻出身の佐々木喜善からの聞き書き『遠野物語』(1910刊)などは、その延長上に機会を得ての仕事で、雑誌『郷土研究』を創刊したのちも、彼のフィールドは変わらなかった。柳田國男が民間の口頭伝承の探索へと民俗学を起すのは、国際連盟の事務局の仕事を離れて日本に帰ってのち、1930年代からといってよい[2]。

　柳田國男には、江戸時代の奇談・怪談類への関心はかなり早くから芽生えていたと推察される。その遺稿「わたしの信条」（『ささやかなる昔』筑摩叢書、1979所収）のなかに「まず第一に幼少の頃から、できるだけ人の読まない本を読み、人の知らない事を知ろうという野心をもって学問を始めたこと、これは今から考えてみると、江戸後期に始まった随筆流行、よく言えば考証学風の目に見えぬ感化だったらしい」とある。幼少の砌か

ら異才を発揮していた國男は、父親から漢詩や文章の手ほどきを受けていた。奇妙なことの調べものに、考証随筆の類があるという示唆を受け、江戸時代の珍聞異聞にふれていったことは想像に難くない。それらが、「随筆」ないし「考証随筆」と呼ばれるようになった経緯は、本稿の末尾〔付〕にまとめることにする。

12.「説話」から説話小説へ

　小説界では、芳賀矢一『攷証 今昔物語集』が刊行された3年後、『今昔物語集』の説話に題材を求める新しい動きが起こった。
　芥川龍之介「羅生門」(『帝国文学』1915年11月)は、都が荒れ果てた中世を舞台に、これまで仕えてきた女主人の遺骸を羅城門の上に運びあげた老婆から、その長い髪を採って鬘にして売ると聞いた下人が、その「食って生き延びるための悪」を当の老婆の身に施すという逆説を仕組んだ短篇だった。その最後の1行は「下人は、既に、雨を冒して、京都の町へ強盗を働きに急ぎつゝあつた」だった。が、1度、文末が「～急いでいた」に改められ、そののち短編集『鼻』(阿蘭陀書房、1918)に収録の際、「下人の行方は誰も知らない」と改められた。下人はただ、羅生門の下の暗闇に姿を消した。
　下人が姿を消した闇を除きこんだ老婆には、自分の述べた「食って生き延びるための悪」を自分の身に施して闇に消えた下人は、神の化身だったかのように思えたかもしれない。2度の改稿を経て到達できた、その「闇」は、不条理が渦巻く現代社会そのものの象徴であっただろう。いや、実存の闇と言い換えた方がよいか。20世紀への転換期から、日本の文芸界にも象徴主義の波が押し寄せていた。
　「羅生門」は『今昔 本朝世俗部』〔巻29第18話〕「羅城門登上層見死人盗人語」(羅城門の上層に登りて死人を見たる盗人の語)などに題材を借りているが、芥川龍之介は次に、同じ『今昔物語集』中の説話でも、『宇治拾遺物語』にも見える禅智内供の長い鼻にまつわる笑い話を、コンプレックスと自尊心のデリケートな葛藤として心理解剖してみせた。「鼻」は、漱石から称賛を受けた。
　ヨーロッパでもフランスのプロスペル・メリメが「カルメン」(Carmen, 1845)など民間説話に歴史的な題材を求める手法を開拓していた。それをヒントに森鷗外が「山椒大夫」(1915)や「高瀬舟」(1916)など民間伝承や江戸の巷説に題材を求めて小説化していた。『中央公論』に発表した「山椒大夫」は、江戸時代に説教節で流行したものだった。『中央公論』は大正期に入って新中間層にターゲットを絞って勢いをえた新興総合雑誌である。
　鷗外の場合は、明治の終焉を待って乃木希典が自刃したこと(1912年)を奇妙な殉死と感じ、やはり奇妙な死を遂げた「興津弥五右衛門の遺書」を『中央公論』の追悼号に発表したことがきっかけになり、江戸後期の巷談に題材を借りて小説に仕立てるうちに、『渋江抽斎』(1916)のような伝記の読み物化に進んでいった 。そのすぐ後を追って、江戸後期・松浦静山の巷談集『甲子夜話』(1821～41)をまさぐって、岡本綺堂の『半七捕物帖』シリーズが始まる(1917)。こうして時代小説が幕を開けた。
　芥川は、鷗外の跡を追っていたと見てよいが、最初は近代心理小説の構図におさめることにいそしんだ。彼はフランスのアナトール・フランスに学んで、寓意の戯画をよく整った構図にまとめることに腐心した。『今昔物語集』『宇治拾遺物語』の説話に、寓話的な面白さを見出していたところも感じられる。新カント派が盛んな時代で、「真・善・美」の一致する境地を彼も狙っていたと想われる。宗教・倫理・美のそれぞれを主題にとる短篇を重ねはしたが、だが、そのどれにも打ち込むことはなかった。

「地獄変」(1918年5月新聞連載)は『宇治拾遺物語』〔巻3第38話〕「絵仏師良秀家の焼くるを見て悦ぶ事」をヒントにした中編小説。原話は、隣の家から出た火が自分の家に燃え移り、妻子がなかにいるのも構わず、焔に見とれていた絵師に、周囲が呆れると、焔の描き方が会得できた、これで仏画がうまく描ける、どれだけ儲かることか、と嘯いたという話である。

これをヒントに、大殿の家来を語り手に設定し、腕はよいが、尊大な態度で周囲に嫌われていた絵師を主人公にしてストーリーを運ぶ。絵師の尊大な態度を懲らしめてやろうと思っていた大殿から、屏風絵に地獄を描くことを命じられた絵師は、その絵の焦点に豪華な牛車の中で、あでやかな姿の女が悶え焼け死んでゆく姿を描くことを想いつく。絵師は、その絵が完成したら、大殿に召し上げられていた愛娘を返してほしいと嘆願するが、聞き入れられない。大殿の方は娘を意のままにしようとするが受け入れられない。自分は見た情景しか描けないという絵師の言に、大殿は一計を思いつく。絵師の目の前で、娘を牛車に乗せて焼き殺す計画が実行される。娘が焼き殺される場面を見せつけられた絵師の苦悶の表情は、その残虐な光景に見とれ、厳かな恍惚とした面持ちに変わったことを家来は見ていた。見る者を身の毛のよだつ思いに誘う地獄絵を完成し、絵師は首を括って死ぬ。

これは、まさに地獄変、地獄の絵解き図である。なぜなら、芸術の崇高は、地獄の苦しみのなかでこそ生まれるという芸術至上主義ならぬ芸術における地獄至上主義をモティーフにしているからである。あるいは、自身が思い着いた構図を実現することに恍惚となる作家自身の精神性を自己暴露しているといえるかもしれない。

「藪の中」(『新潮』1922年1月)は、『今昔 本朝世俗部』〔巻29第23話〕「具妻行丹波国男於大江山被縛語（妻を具して丹波国に行く男、大江山において縛らるること）を題材にしている[4]。山の中で、油断したため、眼の前で妻を犯された武士の愚かさをいう説話だが、刺戟の強い題材をただ借りたに過ぎない。それに似た事件について、その目撃者が5人、侵された女に霊媒者を加えて、7人が食い違う証言を並べ、人それぞれに物の見方が異なることを実際に展開してみせたところに工夫があった。相対主義に立つ一種のミステリーとでもいうべき作品である。この時期の龍之介自身が種々の説話などを扱い、短篇小説を次から次へ書き続けるうちに達したところといえるかもしれない。

『邪宗門』(1922、未完)は、相対主義に接近した作家が『大鏡』や『栄華物語』中の説話をヒントに、新聞連載の長篇時代小説のエンターテインメントに挑んだが、結末がつけられなかった。芥川龍之介の一種の万能感は砕け散った。途中、説話は、いかようにも書き換えられると書いたが、時代と人の狙いによっては、うまくいかないこともある例である。

芥川龍之介は神経症の世界の内景を写すスウェーデンのヨハン・アウグスト・ストリンドベリの小説世界に接近してゆき、その諸篇は、服毒自殺後遺作として『歯車』(1927)にまとめられた。

だがその前、『河童』(1927)は、生命の樹を祭壇に祀り「食へよ、交合せよ、旺盛に生きよ」を合言葉にする河童の風俗を描いて、生命主義が蔓延する世相に対する嘲笑の色彩が強い。そこには、江戸後期の古賀煜編『水虎考略』という河童についての考証随筆（図版入り）への言及もある。

芥川龍之介にとっては、江戸時代の「文学」が漢詩文を意味していたことなど自明のことだった。菊池寛は、江戸後期、漢詩の批評（詩話）で大活躍した菊池五山を遠縁の親戚にもっていたが、寛にとっての江戸文化は歌舞伎、その女形への関心が主だったよう

だ。彼が四つ齢下の龍之介に敬意をもって接しつづけたのは、龍之介が漢詩によく接していたことが大きかった。といっても龍之介の漢詩は、鷗外、漱石や荷風とも異なり、中国古典のパッチワークに終始したようだ。だが、彼らにとって「文学」は、江戸の漢詩文と明治になってできた新しい「文学」と二重の意味をもっていたのは確かである。

13. 結語

『今昔物語集』は、場所、時、人物を具体化しようとする意図に示されるように、法相宗がインド、中国、日本の三国にわたる仏教史を編むため、唱導の場で語られる説話や僧侶の伝える説話など、仏教史の、いわば稗史にあたる説話を積極的に取材し、編もうとしたものだった。仏教の教えの世界と世俗世界は別の論理で動いているという考えにのっとって、仏法と世俗の二つの世界を見渡す説話集が編まれたのだった。

そこには、明らかに悪因縁に取りつかれた者の説話にも、かつては善行を積んでいたとコメントを付すなど、法相宗の宗旨にあうように調整する工夫が見えていた。「冥界消息」で、地獄に落とされた平将門が1ケ月に一度だけ恵まれる楽な日があると漏らしていたことなど無視している。竹取りの翁によって竹の節のあいだに見出された女の子が見る見る成長して美しい女になり、翁の眷族に富みをもたらすところまでは同じでも、3人の救婚者に難題を与えて退け、后にするという天皇の招請も断り、だが、天ではなく「空」に帰ったとする奇手まで用いて、典拠を書き換えた作り物語さえあった。

だが、『今昔物語集』は、明らかに何かがあって、未完のまま、その編纂作業は中断されていた。おそらく、1181年、平家による南都焼き討ちが関与していると想われるが、わたしに確証があるわけではない。

これだけの規模の説話集の編集が中断されたまま、後を継ぐ人も出ることなく、説話集の時代の波のなかで秘されたままになった。称名念仏に打ち込めば、歿後の中有の期間を経ることなく、誰でも阿弥陀仏のもとへまっすぐに往けると説く法然の教えが拡がり、専修念仏の教えを説く説話群は、法相宗とは敵対するものに転じていたことが決定的だったと、わたしは思う。

『今昔物語集』の元稿ないし写本は、興福寺南井坊に室町時代までは保管されていたが、長く大和の守護職のような地位を誇っていた興福寺は、織豊政権によって寺領が大幅に削減された。いつしか写本は、奈良のどこかに流れ出て、江戸末期に吉田神道の社家に引き取られていた。

江戸中期に、珍談奇譚ブームの波のなかで、『本朝 世俗部』の説話群が再編されて世に出ることはあったものの、明治後期に、巌谷小波による「お伽話」シリーズや民謡・民話ブームは、江戸時代に定番化した『御伽草紙』や『宇治拾遺物語』への関心を呼び起こしたが、『今昔物語集』はほとんど忘れられたに等しかった。日清・日露の戦間期から芽を吹いた宗教新時代には、古い仏教説話に関心を向ける人はいなかった。江戸中期の奇譚や後期の巷説類への関心は、「随筆」ないし「考証随筆」と呼ばれるようになり、やがて吉川弘文館の『日本随筆集成』を生むにいたる。

『今昔物語集』に知識層の注目を集めさせたのは、東京帝大の国文学教授、芳賀矢一『攷証今昔物語集』(1914)にほかならない。彼は『今昔物語集』を「日本の最古最人の説話集」「世界の伝説研究」のなかで比類のない位置を占めるもの(『国文学史概論』(1913)と詠った。そのときから、『今昔物語集』には「日本の民間伝承(=民話)の宝庫」という色がつきはじめたと見てよいだろう。新しいジャンルとして発明されたと言い換えてよい。

芥川龍之介が『今昔 本朝世俗部』〔巻29第18話〕「羅城門登上層見死人盗人語」などをもとに「羅生門」という近代小説に仕立てなおしたのは、その3年後のことだった。

　院政・鎌倉時代は一面、多様な説話集が編まれた時代だった。それらは和歌説話をストーリーに構成するところにはじまった中古物語の流れを、再び多様な題材の和歌説話に解体していった。そこから和歌が消えれば、奇譚説話と変わらない。奇譚説話は、やがて「仮名草子」(室町時代応仁年間からの呼称という[5])の隆盛を招いてゆく。説話の多彩さと、その様態、それが書き換えられ、組み直される過程に分け入るなら、新たな日本文芸史の展望が開けるだろう[6]。

(了)

【注】
1　鈴木貞美「民謡の収集をめぐって─概念史研究の立場から」(鈴木貞美・劉建輝共編『近代東アジアにおける鍵概念─民族、国家、民族主義』国際日本文化研究センター、2011)を参照。
2　鈴木貞美「柳田國男のナラトロジー」『ナラトロジーへ　物語論の転換、柳田國男考』(文化科学高等研究院出版局「知の新書」、2023)を参照。
3　鈴木貞美『日露戦争の時代─日本文化の転換点』(平凡社新書、2023)〔第七章〕を参照。
4　この「大江山」は、京から丹波に行く途中であり、酒呑童子の伝説と同じく老いの坂近くの大枝山が正しいだろう。丹後にもあった鬼伝説と混同されたと想われる。
5　市古貞次「『仮名草子』の意味」(1944、『中世小説とその周辺』東大出版会、1981所収)を参照。
6　本稿は、2024年7月7日(日)水門の会・翻訳論出典論研究会(大東文化大学)で報告したもの(ZOOM使用)を大幅に修正、増補した。その際、原田信之氏の傍聴を得て、報告ののち、意見交換し、多くの教示をえた。原田信之氏及び、機会を与えてくれた水門の会の蔵中しのぶさんに深く感謝したい。

昭和100年の場所
Place of Showa 100

河北 秀也
Hideya Kawakita

　今年は昭和100年らしい。私はいわゆる戦後生まれだから、戦争を経験してはいない、しかし、幼少の頃は戦争の残滓が色濃くあった。傷痍軍人、アメリカ駐留軍、帰還兵など今でも思い出す。

　いわゆる戦後のベビーブームで、受験戦争に巻き込まれた。アメリカナイズされた世の中は、今まで日本にあった価値観をぶち壊す方向にシフトしていった。知らず知らずのうちにアメリカに仕掛けられた世界に変わっていった。時が経ち、これで良かったのかなと今は思う。

　アートは国力がある国にリードされる。ヨーロッパの国々に力があった時代はイタリアやフランスなどがリードし、現代はアメリカがリードしているが、新大統領になってさらにリードし続けるのだろうか。アメリカファーストになって、それからどうなるのだろうか。直感的にいって国力はだんだん落ちていくような気がする。インド、アフリカのある国が国力をつけてきて、ひ弱な国力しか持たない日本のアートは、アメリカではなくインド、アフリカにリードされるかも知れない。

　とにかく昭和が100年経っても200年経っても、日本が世界のアートをリードするのは難しいだろう。魅力あるモノが他の国のアーティストから好まれたり、感動を与えるようなことがあっても、今のアメリカ、昔のヨーロッパのように世界をリードするような状況は生まれないと思う。

かわきた・ひでや
1947年生まれ。アート・ディレクター、東京藝術大学名誉教授。日本ベリエールアートセンター設立、著書に『デザイン原論』(新曜社)など。本誌プロデューサー／アート・ディレクター。